翠萍说

中华传统婚嫁习俗

朱翠萍 著

人民东方出版传媒

东方出版社

在此感谢

多年来服务过的新人们，

对中华传统婚礼习俗的支持与传承。

—— 朱翠萍

目 录
CONTENTS

自序

　　中华传统婚嫁礼仪，既弘扬中华传统文化，也体现泱泱华夏的文明，是家道、家业、家风、家学的延续，更是中华儿女对中华文化的传承。

　　本人非常热爱中华传统文化，从事传统婚礼的指导工作多年，在每一场婚礼中，听到最多的一句话就是"萍姐，拜托您了，婚礼习俗的东西我们都不太了解"，确实，中国有那么多家庭，有多少是懂得传统婚礼习俗的呢？思考许久，我决定把自己懂得的和自己总结出来的工作经验记录下来，呈献给家有喜事的喜主们，即使婚礼上没有专业的"大妗姐"，即使面对亲戚的各种热

心建议，也让您内心有一枚"定海神针"，让它为您的婚礼保驾护航，让您拥有一场温馨幸福的婚礼。

　　本书旨在用心打造本世纪最走心的婚礼筹备工具书。书中阐明了我写这本书的初衷，介绍了什么叫大妗姐及本人的经历感受，同时给广大读者普及推广传统婚礼习俗的流程及做法，让广大读者都懂得中国传统婚礼习俗，并支持和发扬中华传统文化，呼吁中国人结中国婚、行中国礼。

　　本书献给热爱中华传统文化的中华儿女。

前言

我为什么要写这本书?

　　中华婚嫁习俗文化已有几千年的历史积累。西周时期的汉式婚礼,展现了一个民族的精神面貌——典雅、尊贵、庄重,体现了泱泱华夏的文明,是家道、家业、家风、家学的延续,是家庭幸福、家道兴盛的起点,更是对家庭、对社会的责任和担当。

　　婚礼不仅仅是两个新人的结合,而是两个家族的融合,更是中华儿女对中华文化的传承,以婚姻的形式展现,弘扬传统文化。

　　中华传统婚嫁习俗礼仪,每一项都渗透着华夏人文的哲学思想。婚嫁习俗是一个民族在长期的历史发展过程中形成的,

是一个民族文化的重要组成部分。婚礼的形式、过程与禁忌都蕴含了华夏文明的传统伦理道德。通过了解中国传统婚俗文化，人们会用端正的态度看待婚姻，从中深刻体会中国传统文化的精髓。

社会是由无数个家庭组成的，在过去，婚姻家庭是一种高稳定性的社会关系形式。婚姻家庭制度对每个在婚姻的个体都有着很强的约束力。而现今，婚姻虽然受到法律的保护，但离婚现象越来越多，更可怕的是家庭暴力屡禁不止，婚外恋屡见不鲜。纵观这些问题，已经严重地影响了整个社会的婚姻家庭关系。为什么会有这样的问题存在呢？主要是有些人丢失了老祖宗传下来的东西——传统文化。

儒家的四书五经、道家的老子庄子、诸子百家学说，魏晋唐宋等名人著作，还有专门给儿童的启蒙读物——《千字文》《三字经》《弟子规》，等等，这些老祖宗留下来的经典读物变得鲜有人读，更谈不上用在生活中了。

让我欣慰的是，结婚嫁娶的传统习俗已慢慢复兴，而传统婚嫁习俗的每一个礼节，每一个做法，都与传统经典读物有着异曲同工的教育意义。只要人们需要和喜爱，只要行业正规整顿，婚嫁习俗的传统文化，会为社会的和谐幸福起到很大的作用。

社会的繁荣昌盛与否，与每个家庭是否幸福和谐密切相关。通过体验中式传统婚礼，能够使夫妻双方更加坦诚相待、相濡以

沫，使社会产生更多幸福和谐的家庭，从而促进国泰民安，繁荣富强。

　　作为一位婚嫁习俗全福大妗姐，我觉得自己肩负着传承中国传统习俗文化的使命，有责任也有能力守护和传承中国的传统文化。因此，我会不断努力，让历史悠久、意义深远的传统婚嫁习俗发扬光大，传承下去。所以，我决定要写好这本书。

第一章

什么是婚嫁习俗

"大妗姐"？

一、大妗姐的由来

"大妗姐"俗称好命婆、全福人，是传统婚嫁习俗中一个举足轻重的灵魂人物，"大妗姐"这个行业也被称为新嫁娘的守护神。

熟知各方各俗、各种礼节，品貌端庄，口齿伶俐有急才，懂得察颜观色，随机应变，说话声音洪亮，字字珠玑掷地有声，笑脸相迎，满怀喜庆，这是新时代大妗姐的标配。

据记载，最早期的大妗姐是自梳女（指自行盘起头发，以示终身不嫁的妇女），她们专门为有钱人家打点婚嫁礼俗的细节，成为操持婚礼的重要人物。后来由于人们觉得自梳女是孤独的象征，参与婚嫁有违成双成对美好的愿望，因此"大妗姐"的角色逐渐变成"有福气"的人担当，也就是三代同堂以上，家庭幸福美满的人，让新人可以沾一沾她们的福气。

"大妗姐"这个称呼起源于广东岭南地区。旧时的岭南民间婚嫁，不但讲究铺张排场、百事禁忌，而且风行戏谑和刁难新娘，许多家庭不谙此道，因此只得雇用一些有经验、伶牙俐齿、

有儿有女的好命妇女为新娘排忧解难，为新娘保驾护航。后来人们把这样的妇女称为"大妗姐"。大妗姐是好管闲事能说会道的人，在"父母之命，媒妁之言"的年代里，经常走东家串西家撮合年轻人，为年轻人牵线搭桥。她们口中生花，能把一般的男孩女孩说得天上有地上无，让一对对年轻人喜结连理。所以旧时的大妗姐也是媒婆，媒婆身上常常穿着一件夸张的大襟衫，手摇大葵扇，人们也把媒婆称为"大襟姐"。

很早以前人们把这种角色称为"婚仪官"、"娘"，更多的是称作"娘"。时至今日在广东地区都称"大妗姐"，广东省以外还是称"喜娘"。

古时的"大妗姐"是有等级之分的，一般分为两种：

第一种是跟女家。做新娘贴身，专门侍候新娘，需学会梳洗和编结各类新潮发型，需在洞房中铺床叠被、更换衣裙、席间敬茶献酒、递巾打扇；在闹新房时，替新娘招架解围，代饮敬酒，替新娘解答难题等。

第二种是到男家打杂的。到男家打杂的大妗姐，则是随花轿进入男家，从事扫地、上香、点神灯、递槟榔、做糍糕、盛喜盒、侍候宾客、拾掇台椅桌凳、清洗杯盘碗碟等工作。

可见，大妗姐是整场婚礼过程中，全程跟进结婚习俗礼仪和指导新人礼俗及禁忌的主要人物，同时也会指引新人一些传统礼节，为新人解决困扰，如亲人一样贴心。

二、大妗姐的重要性

古代传统婚嫁习俗"全福大妗姐"的条件：家有百岁老人，父母高寿双全，结发夫妻齐全（未经离异），有儿有女，有孙儿孙女，家庭幸福和谐，为"全福大妗姐"（即六福大妗姐）。

在传统文化大复兴的今天，已经有很多人知道"大妗姐"这个行业，并且越来越受社会各界的关注。同时，人们都希望自己的婚礼能由一位熟悉婚礼习俗的大妗姐主持，所以，大妗姐的需求也越来越大。

时至今日，什么人才能担当大妗姐这个角色已不太重要了，重要的是她们热爱这一行，够贴心，够专业，做事井井有条，能让喜主安心放心。

自古以来"大妗姐"都是游走于民间的个体，没有进行正式的体系管理和传授，因此随着时代的变化，婚俗礼仪分化成各方各俗，例如：新嫁娘三朝回门，自古以来都是婚后第三天回娘家门，但现今被演变成当天回门的也有，第二天回门的也有，甚至是新郎刚接到新娘上车，启动一下车子就下车，然后车尾箱拿礼物，即时返回娘家门。这男家门都还没进怎么能叫回门呢？要知道新娘子出娘家门后直到进男家这段时间是不能回头的，这是禁忌。还有新人三朝回门的回门金猪（烧乳猪）本应是由娘家人将

金猪一分为三段，娘家留下中间部分，头跟尾让新人带回男家，寓意：有头有尾。但有些地方就是将金猪对半开，男家女家各一半，有些地方甚至会全只金猪收下。虽然传统习俗都是随着时间的流逝和地方的需求而变化的，但最起码不要太偏离古人的初心才好。所以我认为，为了守护和传承我们中国传统婚俗文化，有必要成立相关的培训机构，呼吁更多人来参与这项工作，为传承中华传统婚嫁习俗文化出一份力，使我们的传统文化永世相传。

◐ 男方给女方过大礼　　　　◐ 过大礼礼品　　　　　　　　◐ 男家隆重过大礼的礼品

◐ 新房布置　　　　　　　　◐ 传统习俗安床仪式

❁ 传统习俗安床仪式

❁ 大妗姐与花轿

❁ 全福大妗姐伴嫁

❁ 新娘进行传统婚礼的上头礼

❁ 大妗姐说吉祥话带领迎亲花轿出场

❁ 传统敬茶感恩仪式

❁ 大妗姐为敬茶仪式营造喜庆气氛

🔶 传统习俗：娃娃跳床仪式

🔶 新人在新房吃汤圆，寓意
圆房，圆圆满满。大妗姐
给新人传授夫妻相处之道

🔶 大妗姐在为新娘整理习
俗嫁妆：添丁发财盆

🔶 大妗姐为新人整理财物

🔶 大妗姐帮新人整理长
辈送的祝福金饰

🔶 新娘的嫁妆

🔶 潮汕习俗：晒嫁妆

🔶 晚宴舞台迎亲仪式

🔶 翠萍参加 2016 WB 国际婚礼峰会

🔶 翠萍走进直播间为大家普及
中华传统婚嫁习俗文化

🔶 翠萍荣获全福大妗姐的荣誉称号

🔶 翠萍与第一位徒弟黄泳在拜师宴合影

传统婚礼全案展示：邓李婚宴

❀ 准备婚品

❀ 男家安床仪式　　　　❀ 布置新房

🔶 上头成人礼仪式

🔶 男家兄弟团准备出发接新娘

🔶 新郎给姐妹团发开门红包

🔶 接新娘堵门游戏

🔶 新郎为新娘穿上婚鞋

🔶 新郎闯关成功，进到新娘闺房为新娘佩戴婚戒

🔶 女家敬茶仪式

❀ 新娘父母给新人赠送祝福金饰

❀ 新娘出阁

❀ 新娘上花车

❀ 新娘进男家门跨火盆

❀ 新娘恭请婆婆出房见面

❀ 兄弟姐妹闹新房

◆ 新人给长辈敬茶

◆ 新儿媳拥抱婆婆，相亲相爱一家人

◆ 新人在新房吃汤圆，寓意：圆房，圆圆满满，大妗姐给新人传授夫妻相处之道

◆ 接亲仪式礼成，送入洞房

◆ 纯中式复古晚宴布置

◆ 漂亮的复古舞台

◆ 复古婚礼道具

◆ 复古婚礼道具

◆ 新娘掩面出场

◆ 复古婚礼道具

◆ 新郎三箭定乾坤

◆ 新郎新娘拜天地

◆ 夫妻对拜

◆ 盥洗礼

◆ 盥洗礼

🔸 夫妻对席礼　　🔸 同牢合卺礼

🔸 解缨结发礼

🔸 结发礼

🔸 新郎新娘感谢宾客，婚礼仪式礼成

🔸 执手礼

第二章

我的故事

一、点亮心灯

我出生在一个普通的小家庭里，父亲姓朱，给我取了一个不普通的名字——朱翠萍。

朱苑淑慧娴；

翠汇景万千；

萍聚多才艺；

福禄富贵全。

感恩父母给我生命！同时给了我人生一个很好的开端！

"人之初，性本善，性相近，习相远。"我年幼的时候，父母常常出远门做工，我就跟外婆生活在一起。外婆为人正直善良，热心助人，她虽然没有读过书，但满肚子装载着古典故事，例如《白蛇传》《孟姜女哭长城》《牛郎织女》《梁山伯与祝英台》等等。讲得最多的就是古时候结婚嫁娶的故事，婚俗礼仪知道得可不少。在我成长的路上，最吸引我的就是听外婆讲故事，古代的、近代的、当时的，结婚嫁娶的故事。不知不觉在我心里种下了"三书六礼"中国传统婚嫁习俗的种子。随着年龄的增长，我

发现现实生活中，人们结婚嫁娶都是怎么简单怎么来，没有一点仪式感，更别说行"三书六礼"之礼。一次偶然的机会，在协助朋友操办婚礼的过程当中，点亮了我心中的一盏灯，我想：现在的家庭办喜事，多么需要一个懂得传统习俗的专业的人去帮忙打理呀！我那么熟悉婚嫁礼仪，那么热爱传统文化，这不是冥冥中注定让我与婚礼行业结缘吗？操办婚礼对于一个不懂婚嫁礼数的人来说，是一件多么复杂烦琐的事情啊，可对我而言却是一种兴趣爱好，我喜欢热闹、喜欢婚礼上的幸福感觉，更喜欢看到喜主一家满意认可的笑容。所以我决定，余生就去帮助更多的人，拥有和享受一场场顺利圆满、幸福美好的婚礼吧！

心灯亮了！从此，我就成了一个游走民间，口口相传的婚嫁习俗"大妗姐"。

二、幸运的六〇后

一九六三年八月的一天，在一间低矮简陋的民房里，传来了新生儿的哭声，一个白白胖胖的女婴来到了这个五彩缤纷的世界。

女婴的到来，让低矮的民房充满了生气，一对初为父母的年轻夫妻脸上荡漾着幸福的笑容。父亲双手捧着女婴仿佛捧住了整个世界。这个女婴就是我，我出生的家乡是广东省韶关市大

塘镇。

小时候的我，长着一张胖乎乎的脸，扁扁的鼻梁。大人们喜欢捏我的脸，刮我的鼻梁，据说我的鼻梁就是被叔叔阿姨们刮扁的，我父亲经常笑着说："我家姑娘扁鼻梁，富贵荣华奶奶像。"

父亲是个手艺人——油漆匠，长得高大又帅气，虽然做了父亲，但还是一脸的孩子气，年纪比他稍大点的人都称他为"小鬼"。

一次他在工作完毕收到工钱之后，直接就进城帮我买了一双漂亮的牛皮鞋。在那个物资缺乏的年代，买一双牛皮鞋是件多么奢侈的事情啊！我父亲高兴地把鞋子带回家，没承想被我母亲劈头盖脸地骂了一顿："米缸里都没米了，你买这鞋子能当饭吃呀？女儿这才多大呀，路都还不会走，你是猪脑袋呀……"

母亲是个大嗓门，直性子，别人是小声说大事，她是大声说小事。同时她也是出了名的"刀子嘴豆腐心"，别看她嘴上凶巴巴的样子，其实心里可善良呢，对我父亲是嘴里骂着，心里疼着。我父亲当然是最清楚的，所以无论我母亲怎么凶，他都是龇牙咧嘴地笑。

我是一个特别幸运的孩子，那时候别人家的孩子都穿大哥大姐褪下来的缝补过的旧衣裤，过年才可以添件新衣，可我经常都有新衣新裤穿，我母亲会缝纫，上小学那会儿，我有好多条花裙子，几个要好的女同学经常跟我借裙子穿，我也非常乐意借给她

们，大家一起臭美，分享快乐。

我母亲说我打小就特别爱臭美，特别八卦，喜欢打破砂锅问到底，哪里热闹往哪里凑。

记得我小时候母亲常常跟着父亲去外地做工，每次外出都要十天半个月回来，所以我就被送到外婆家，由外婆照顾我。

我外婆是个乐善好施的人，脸上总是乐呵呵的样子，年纪虽大，但皮肤还是白白净净的，头发梳得一丝不乱，油亮油亮的发髻很整洁。用现在的话来说，我外婆是很有气质的人，这也许跟她的娘家有关，她是地主家的女儿，娘家有田有地有茶山，但嫁给我外公之后，由于我外公抽鸦片，家里被败得穷得叮当响，旧时的观念是"嫁鸡随鸡，嫁狗随狗"，所以，原先我外婆做闺女的时候是缠小脚的，但后来要下地干农活就把脚放开了。

我住在外婆家的时候是个小霸王，经常欺负比我大一岁的舅舅，外婆不但不批评我，还老是护着我，她经常对我舅说："外甥女比你小，你要让着她。"家里有好吃的都是我先吃。记得有一年冬天，家里大人做饭，我和舅舅坐在灶门烧火，舅舅拿着烧火棍撩柴火进灶，我闹着要拿烧火棍，舅舅不给，我就抢，抢来抢去把灶台上刚煮好的一盘菜打翻在地上了，外婆气得一把抢过舅舅手上的烧火棍，扒下舅舅的裤子照着屁股就打，打了好多棍，痛得舅舅嗷嗷大叫。

虽然外婆很疼我，但她不会溺爱我，她经常教育我说："眼

里要有活，心里要有善良。"力所能及的事情她总会让我去做，使我从小就学会了干很多小家务活。

外婆是个"话痨"，嘴里总有说不完的话。她经常给我讲故事，讲最多的是东家娶媳妇，西家嫁女儿。从外婆嘴里我知道古时候的人结婚，全部都是"父母之命，媒妁之言"，有很多人在结婚之前都没见过对方的面，纯属盲婚哑嫁。

我外婆的婚姻就是他父母决定的，婚前也没有见过面。对于嫁娶习俗，外婆懂得很多很多。她说她结婚的时候，娘家送了很多值钱的嫁妆，不过都被我外公抽鸦片败光了。

我外婆是个热心肠的人，村里人娶亲嫁女的，只要请到她，她必定会去帮忙，而有她帮忙的婚礼必定会格外地热闹喜庆。

新郎新娘结婚的故事我听多了，晚上睡觉都经常梦见自己是一个穿着新衣，盖着红头盖的新娘子。

小时候外婆把我带得很乖，嘴巴很甜，手脚也很勤快，特别招大人喜欢。村里头一有人家办喜事，我就往那儿跑凑热闹，有时也帮点小忙，大人们见了总会往我的口袋里塞一些花生、糖果这些好吃的东西。

随着时间的推移，我渐渐长大了。上小学一年级的时候，我很认真，第一批就加入了少先队员。红领巾是红旗的一角，当神圣的红领巾戴到我脖子上的时候，我小小的心脏跳动得特别厉害，很激动，我觉得当一名少先队员是一件多么光荣的事情啊！

非常自豪！因此，我的红领巾总是戴得整整齐齐，周末的时候，总是把红领巾洗得干干净净的。

在七十年代的学校里，我们的课程表有很多劳动课，考试也是开卷的。读三年级时，活泼的我，被老师挑选出来加入了学校宣传队，经常排练唱歌、跳舞。七十年代的学生都有"学工、学农"课，我们学校让学生种花生、水稻、甘蔗等农作物，挺辛苦的。我觉得自己很幸运，因为我是学校宣传队的主力，我们要经常去田间、地头，给劳动的农民伯伯叔叔婶婶们唱歌表演节目，所以，凡是劳动课，同学们都去劳动，我们宣传队十几个人就留下来排练节目。那个时候我发现自己唱歌还是蛮好听的，不论是干活、走路、洗澡，都能听到我的歌声。

自从上小学之后，我就很少跟外婆住一起了，不过学校离外婆家也不远，一有空我就回去看她。每次去看她，她都喋喋不休地问这问那，显得特别高兴，而外婆高兴我也就更高兴，用现在的话说就是：我是外婆的忠实粉丝。我最最喜欢跟她唠嗑听她讲故事，只要我回去外婆就会把平时攒下来的好东西拿出来给我吃。我最喜欢吃外婆炒的花生和外婆亲自磨的豆腐。我们婆孙俩一边弄、一边吃、一边聊。

不经意间，外婆传递了很多古代婚嫁习俗礼仪的做法给我，让我从小就知道结婚的整个过程怎么做。

我怀揣着在外婆那里得到的真传，慢慢地长大了。

　　高中毕业后，我回母校担任小学民办教师，嫁给了我儿时的玩伴，我俩青梅竹马，情投意合。我们的婚礼就是我的外婆征得我公公同意后一手操办的。那是一场全镇有史以来最隆重的婚礼，是我们家族中的一场盛事。

　　那时我公公已经八十多岁了，公公是镇上德高望重的长老，家里开饭店和杂货铺，为人乐善好施，十里八乡的人只要到家里来，就必定会有一顿饱饭吃，大家赶集卖不完的农副产品都往家里堆放，下次赶集就不用挑来挑去那么累，又不用交保管费，所以我公公江伯是公认的好人。

　　记得婚礼前，我把自己将要嫁人的好消息告诉外婆的时候，可把她乐坏了，因为我要嫁的人是她从小看着长大，是她非常喜欢的孩子。

　　外婆去找我公公，希望我们的婚事能行"三书六礼"，明媒正娶。

　　外婆是个能说会道的人，进门乐呵呵的一个劲地猛赞："江伯，你是我们镇最有钱，最讲道义，最老资格的人。我家外孙女给你当儿媳，我的这张老脸可真是沾光了啊！"公公被夸得脸上见牙不见眼，外婆继续说："你们是大户人家，俩孩子的婚礼可不能马虎啊！"公公笑着爽快地说："这个你在行，就听你的。"外婆一拍大腿说："好，有老亲家这句话，就好办了。您放心，包在我身上！"

打小外婆就格外疼我，如今我长大了，要嫁人了，外婆虽有不舍，但跟江伯结亲家心里又像吃了蜜一样甜。她在公公那里领了"圣旨"为我操办婚事，可把她给乐坏了。

由于我和丈夫是青梅竹马、自由恋爱的，没有媒婆，外婆就帮我们找了一个媒婆，要一本正经行"三书六礼"。媒婆去我家说媒，征得我父母的同意，然后回男家报喜，让男家选定吉日去我家提亲。提亲之日，未婚夫和媒人带上礼品登门提亲，我家父母热情招待。本来男家来提亲，我一个姑娘家是要回避的，但由于好奇，我也没有回避，还东问西问想知道为什么要这样那样。

几个大人商定过大礼的日子，媒婆问我父亲要多少礼金，当地人叫"身价银"，我父亲是个手艺人，家里日子过得不错，所以我父亲说："不用了，我是嫁女儿又不是卖女儿。"媒婆说："不行，意思意思也是要的。"父亲说："那好吧，随意吉利就好了。"所以我的"身价银"是随意又吉利的。

经过外婆的指点，"三书六礼"都行过了，整个过程我看在眼里，最让我难忘的就是"迎亲"之礼了。

婚礼当天，很早我的三姑奶奶（丈夫的三姐）就来我家帮我化妆，那时我算是镇里结婚化妆头一人，因为三姑奶奶是当地剧团的演员，人长得非常漂亮，懂得化妆。当地人结婚不化妆的，其实是因为不懂。我近水楼台先得月，所以我觉得自己真的很幸

运。那天，我成为了一个非常美丽的新娘子，美得我吃饭的时候都小心翼翼，生怕把口红弄花。

自己亲身经历了一场完整的传统习俗婚礼，其中的流程和意义深深地刻在我的心里。但是那时我并没有想过要做一个给人操办喜事的喜娘，确切地说那个时代根本没有人需要这样的服务。

结婚之后，我继续在小学任教。当女儿出生之后，受改革开放的浪潮冲击，我辞职开了一间美容美发店，生意特别红火。可是不久镇上的美容美发店如雨后春笋，开得密密麻麻，我们的生意明显下降。我和丈夫都是属于思想比较前卫的人，我们商量决定寻求远在珠海的舅舅的帮助，离开这个小地方，去珠海打拼、开眼界。

一九八九年，我和丈夫带着女儿在珠海亲人的协助下，终于来到了向往已久的特区——珠海。

珠海，是个美丽而浪漫的海滨城市。通过努力，我们在这座城市有了自己的房子，并且多了一个家庭成员——我们的儿子。我和丈夫分别在幼儿园和物资公司上班，一家人过着浪漫幸福的生活！

记得二〇〇一年的一天，我的一个好朋友小琴说起家里弟弟要结婚的事，她的爸爸妈妈年纪又都大了，操办弟弟的婚礼自然就落到她的身上。她带着纠结的心情跟我说："怎么办哪？我啥也不懂，叫我怎么办？"看着她一脸的愁样，我拍拍她的肩膀笑

着说："算你走运，操办婚礼我在行，我来帮你。"

婚礼流程实操，我还真没干过，但我经历过，既然答应了好朋友就一定要做好。我熬了整整一夜，将储存在脑子里已久的婚礼习俗用本子记录下来，当我带着本子去找小琴的时候，她惊讶地看着十几页纸，满满地写着婚礼的做法和礼数。小琴用敬佩的目光望着我说："阿萍，我不得不佩服你，你会剪头发、会做美容、会做好吃的饭菜，原来你还会做婚礼呀！"我呵呵两声说："这有什么，我会做的事多了。"这时小琴歉意地说："阿萍，我弟的婚礼我不想搞那么复杂，简单一点就行了，我们家的经济条件你也是知道的。"我说："没事，我来帮你搞定。"

于是，我根据小琴家的情况，帮他们筹办了一场既传统体面又经济实惠的婚礼。

继那一场婚礼之后，朋友、同事、邻里之间都陆续知道我懂得筹办婚礼，于是，在我的休息日和假期时不时都会被邀请去帮帮忙。那时确实也只是帮帮忙，跟本没有意识到这样的服务的价值。

直到二〇〇九年的一天，我接到一家婚庆公司给我的电话，说某月某日有一场婚礼想邀请我指点传统习俗礼数的做法，公司会付服务费给我，我查了一下日历，刚好是周末，就答应了。

这场婚礼是我第一次跟婚庆公司合作，我既紧张又开心。于是我做好充分的准备，首先去见喜主一家，跟他们解说婚礼传统

习俗的流程，给他们布置购买喜品的任务。那时人们的婚礼大多数重视西式的，所以中式喜品店并不多，喜主们很难买齐需要用到的东西，因此，我就抽时间替他们买。婚礼从筹备到圆满礼成都非常顺利，婚庆公司和喜主一家对我都非常满意，赞不绝口，喜主还满心欢喜地塞给我答谢红包。

从那以后，付服务费请我的人和请我的婚庆公司越来越多，于是我渐渐成为粤港澳大湾区专职的婚嫁习俗"大妗姐"。

在工作中，我不断总结经验，结合实际，把复杂烦琐的传统婚嫁习俗变得生动有趣，灵活运用，让越来越多的人懂得婚嫁习俗的重要性。

婚嫁习俗"大妗姐"，是一个神圣的职业。今后，我要把每一场婚礼都当作神圣的课堂，指导新人及家人做好每一个环节，让每一个习俗环节和它的意义呈现，让新人领会，让新人及家人放心、安心地享受婚礼的过程。

从事民间婚嫁习俗大妗姐的工作多年，我服务的每一场婚礼都是那么顺利和圆满！每当看到晚宴客人散去，我背起背包向喜主告别，此时喜主们都已经非常累！但他们脸上还是洋溢着开心满意的笑容，跟我或握手或拥抱，不断说着感谢的话语，这个时候，我会觉得无比幸福。

随着年龄的增长，我常常想：人这辈子就算能活一百岁，时间也会很快地过去。所以我们得赶紧给后人留下点有意义的东

西。我那么熟悉和喜爱婚嫁习俗，那我就把传统的婚嫁习俗编写成一本图文并茂的书，让更多的人去了解、去做、去领悟，帮助更多的人获得一场圆满幸福、美好回忆的婚礼。

能拥有这份职业的能力和条件，是我一生的幸福。接下来我要继续把福气传递给每一位新人，好好把中国传统婚嫁习俗传承下去，期盼中国每一个家庭代代幸福！夫妻恩爱！儿孙满堂！

❀ 一九七九年翠萍的男友参军，当年他还不满十八岁，翠萍也才十六岁

❀ 一九八一年十八岁的翠萍为了给正在当兵的男友寄一张相片，特意进城烫了个时髦发型

⚱ 一九八四年翠萍与青梅竹马的初恋男友正式领结婚证

⚱ 翠萍的丈夫准备了生日惊喜为翠萍庆祝五十七岁生日

⚱ 翠萍夫妇与百岁的外婆

⚱ 翠萍夫妇与一双儿女

⚱ 翠萍的原生家庭：前排父亲、母亲，第二排翠萍的弟弟和妹妹

⚱ 四代同堂合影：翠萍与百岁的外婆还有母亲和女儿

第三章

中华传统婚嫁习俗的由来

一、伏羲氏制嫁娶

　　中国传统婚嫁习俗起源于远古时代的伏羲氏时期，距今已有五千多年的历史。中国最早的婚姻法就是——伏羲氏嫁娶之礼。

　　伏羲，是华夏民族人文始祖，传说中古代天、地、人三皇之首。伏羲对于早期文明的发展起着非常重要的作用。在伏羲以前人类是没有姓氏的，也没有婚嫁制度，人们都是过着群居、乱婚的生活，人们知其母而不知其父，乱婚屡见不鲜，后代或智力不全，或四肢不健，伏羲观察到这一现象，便定下了不得乱伦、近伦的嫁娶之礼。实行了一夫一妻制，即一个部落的男子与另一部落的女子等量交换，每个男子只能娶一个女子为妻，而且须以两张兽皮作为聘礼，并由部落酋长作媒方可结合。一夫一妻制的确立，是人类社会的一大进步。

　　伏羲制定了姓氏，让人们有了婚娶习俗，避免了近亲结婚，所以文明是从伏羲时代开始的。那时，伏羲让人们利用植物、居所和官职为姓氏。伏羲自己跟随父亲风燧人姓风，经研究发现，伏羲是人类文明的起源，伏羲经过长时间的观察与思考，采取了

"正姓氏，制嫁娶"，实行男女对偶婚姻制度，制定了人类的嫁娶习俗。从此人们不但有了自己的姓氏，还有了文明的婚嫁习俗礼仪，这是中华民族文明的起源。如今，中国的姓氏已有三千多个，如果是向上追查起来，大致都可以追溯至伏羲氏。据专家考证，在远古时期，姓与氏有严格区分，姓是以女子为传承中心的宗族，氏是以男子为传承中心的宗族。"氏同姓不同者，婚姻互通，姓同氏不同，婚姻不可通。"这样就使得那个时代的人民能够以姓氏制嫁娶，这种制度的建立，使得人们从愚昧向文明实现了一个跨越。

伏羲氏制定嫁娶时，是以双数的兽皮为礼品，建立了互相通婚，嫁娶生育的制度，使先民懂得和重视人伦道德，从而人们脱离了蒙昧，进入了文明。而伏羲制定嫁娶时以双数为吉利的规矩，也绵延至今。

到西周时代，形成了"周公六礼"（周公原名姬旦）。周公为了让婚嫁习俗更加规范、更加顺畅，于是把结婚的程序进行了归纳和总结。《仪礼》中对此有详细规制，整套仪式合为"六礼"。"六礼"婚制从此作为汉民族传统婚礼的模板，之后的婚礼步骤共分为"纳采""问名""纳吉""纳征""请期""亲迎"六个礼数，逐渐形成了一条完整的"周制汉式婚姻礼仪"，成为影响中国三千多年婚姻历史的重要内容。

西周时代是礼仪集大成的时代，在《仪礼》书中有详细记载。

西周时期的"婚姻六礼",对其后各个朝代婚姻的形式产生了重要的影响。其整套嫁娶仪式为"三书"(即聘书、礼书和亲迎书)和"六礼"(纳采、问名、纳吉、纳征、请期、亲迎)。

据记载,西周时期,婚姻的缔结有三大原则,即"一夫一妻制"、"同姓不婚"、"父母之命,媒妁之言"。

"一夫一妻制"是西周婚姻制度的基本要求。虽然古代男子可以有妾有婢,但法定的妻子即嫡妻只有一个,也就是说,只有一夫一妻才是合法的婚姻,嫡庶不通用。

"同姓不婚"也是缔结婚姻的一个前提。西周实行同姓不婚原则,既有血缘伦理方面的原因,也有生育遗传方面的原因,还有宗法政治方面的原因。这些原因,古人都已指出过。古人认为"同姓不得相娶,重人伦也",这是基于伦理方面的考虑。"同姓不婚,惧不殖也",这是基于人类繁殖方面而考虑的。西周以宗法制度统治天下,统治者希望利用婚姻关系的纽带,达到联合异姓贵族增强统治力量的目的。西周同姓不婚的法律原则在中国历史上演化为一种古老的习俗,长期受到人们的重视。

"父母之命,媒妁之言"是西周时期婚姻制度的又一原则。在宗法制下,子女的婚姻大事必须由父母来决定,并通过媒人的中介来完成,否则即是非礼非法,称为"淫奔",必不为宗族和社会所承认。

二、古代周制汉式婚礼"三书六礼"详解

周制汉式婚礼是华夏婚礼的原型，以后的婚礼礼仪都是在周制婚礼的基础上逐渐演变而来的。完整的周制汉式婚礼包括：婚前礼、正婚礼和婚后礼。仪式全程庄重典雅，充分体现了中华婚典文化的古韵之美。

周制婚礼"六礼"即婚礼的六个礼法，"三书"即在行"六礼"当中往来的三个文书。"三书"并非《礼记·昏义》、《唐律》和《明律》等典籍中法定的婚礼要件，而是在人们的具体实践中慢慢摸索出的补充礼仪，是古人为保障婚姻顺利进行所立的有效文字记录。

因为婚礼于个人和社会都有着极其重要的意义，所以在古代对于婚礼的筹备与举行都是十分重视的。据《礼记》记载："昏礼者，将合二姓之好，上以事宗庙，而下以继后世也，故男子重之，是以昏礼纳采、问名、纳吉、纳征、请期，皆主人筵几于庙，而拜迎于门外，入揖让而升，听命于庙，所以敬慎重正昏礼也……

由此可见，周朝的婚礼程序是繁杂隆重的，一个完整的婚礼包括了婚前之礼、正婚之礼和婚后之礼这三个部分。对周代婚礼程序记载最为详细的《仪礼·士昏礼》，提出的"六礼"，除了最

后一个亲迎是婚时之礼的程序外，其余"五礼"都是男女双方婚礼之前必须做的一系列准备工作。

周制汉式婚礼——婚前之礼

1."三书"

（1）聘书

即订亲之文书，在纳吉（男女订立婚约）时，男家交予女家之书束。

（2）礼书

即在过大礼时所用的文书，列明过大礼的物品和数量。

（3）迎书

即迎娶新娘之文书，是接新娘过门时，男方送给女方的文书。

2."六礼"

（1）纳采

即议婚，男方遣使上女方家求婚。采用雁作为赘见礼物。以雁为礼有三种象征意义：

① 雁为候鸟，秋天南飞，春天北归，来去有时，从不失时节，所以用雁来象征男女双方信守不渝。

②雁为随阳之物，大雁行止有序，雁群在迁徙飞行时成行成列，领头的是强壮之雁，而幼及弱者追随其后，从不逾越。将这个原则用于嫁娶，长幼循序而行，不越序成婚。

③雁雌雄一配而终，象征忠贞和白头偕老。

纳采后来有所发展，也有用羔羊、白鹅、合欢、胶漆等作为贽礼的。

（2）问名

男家征求女方家同意后，接着进行问名之仪节。回来后占卜决断成婚与否、吉凶如何。问名一般是索要女子姓名、排行、出生年月日及时辰等信息，发展到后世，称换庚帖。这一过程也相当于订婚。古语"男子称名，女子称字"，女子的名是不能轻易示人的，问名的意义可见非同小可了。

（3）纳吉（又称合婚）

问名的目的，是为纳吉作准备。《仪礼·士昏礼》载："归卜于庙，得吉兆，复使使者往告。"就是说，男方问名后，以龟甲来占卜男女双方生辰八字，若得到吉兆，将占卜吉利的结果，派使者带着雁到女方家报喜，后世称为订盟，仪式如同纳采。纳吉之后，婚姻就算正式确定。后来民间把纳吉改叫合婚了。就是把男女双方的生肖及生辰八字合一下，看生肖是否相克，八字是否相配。纳吉和纳采一样，也用雁。

（4）纳征

纳征礼往往是婚姻六礼的关键，《仪礼·士昏礼》载："征，成也，使使者纳币以成婚礼。"意即派遣使者纳送聘财以成婚礼，故称完聘、大聘或过大礼。纳征以后，婚姻进入正式准备阶段。周朝聘礼"凡嫁女娶妻，入币纯帛，无过五两，士大夫以玄纁束帛，天子加以穀圭，诸侯加以大璋"。周制婚礼的聘礼取其象征意义，币，意为彩色丝，后世所谓的"彩礼"就源于这个典故。可见先秦的彩礼是很简单的，士大夫仅用不过五两彩丝加上一对鹿皮。但到了后世，彩礼的内涵就要实际多了，还包括饰物、绸缎、牲畜或现金等物。聘礼开始成了地位比拼的物事，难有定数。至此，周礼取聘礼的象征意义变为取义取利兼图。隋唐聘礼固定为九种，有合欢、嘉禾、阿胶、九子蒲、朱苇、双石、棉絮、长命缕、干漆等，各项物品皆有祝福夫妻爱情永固的意义。

（5）请期

定成婚吉日的礼，由男方决定，然后正式通知女方家长，征得对方的同意后就可以定下来了。

（6）亲迎

父亲醮子，新郎接受赐酒一饮而尽，穿上礼服偕同媒人与亲友，动身去迎娶自己的新娘。女方家长在家庙设宴，在门外迎新婿。婿以雁做贽礼，彼此揖让登堂，女婿再拜。接上新娘，照顾她上马车。然后新郎亲自驾着马车，让车转三圈，才把马车交给

车夫，自己乘坐另一辆马车走在前头。到了家门口，新郎先下车来等候，新娘车到达后，新郎带领新娘进入家中，新娘入宅，婚前礼即告一段落。

周制汉式婚礼——正婚之礼

正婚之礼是指新娘被接到男方家以后，所举行的仪式，有沃盥、对席、同牢合卺和馂余设袵等几项礼仪。周制婚礼是没有夫妇拜堂之礼的。司马光《书仪》："古无婿妇交拜之仪，今世俗始祖见交拜，拜致恭亦事理之宜，不可废也。"可知宋代交拜之礼已经流行。元代拜堂，于夫妇交拜外，尚有同拜天地之礼，即先拜天地，再拜婿之父母，最后夫妇交拜。这就是如今流传下来的三拜之礼。

1. 沃盥之礼

指新人入席前的洁手洁面。汉族传统礼仪非常强调洁净的意识，周制的沃盥礼节是用匜和盉配套使用。

2. 对席和同牢合卺

新婚夫妇交拜礼毕，要相对而坐，谓之对席。对席的位置，男西女东，意以阴阳交会有渐。

"同牢"是指新婚夫妇共食同一牲畜之肉。合卺是指夫妇交

杯而饮，注意，交杯只是交换了杯子而已，并非很多误导人的古装剧那样挽着胳膊喝的"交臂酒"。合卺本意指破瓠（瓜）为二，合之则成一器。剖分为二，分别盛酒。最初合卺用匏瓜，匏是苦的，匏既分为二，用来盛酒必是苦酒，象征夫妇由婚礼将两人合为一。所以，夫妻共饮合卺酒，不但象征夫妻合二为一，永结同好，而且也含有让新娘新郎同甘共苦的深意。

这是婚礼中最具有社会意义的环节，是每对新婚夫妇行婚礼时必不可少的仪式。合卺礼流传到后世，发展成酒宴。"吃喜酒"已成为民间行婚礼的简称。酒宴由简到繁，但最主要的意义就是，婚姻得到了亲朋好友的承认。

3. 解缨结发

"解缨"指新夫亲手解下新妇头上许婚之缨。"结发"指各剪取新夫新妇一束头发，以红缨梳结在一起。新婚剪下新妇一缕头发，后剪下自己的头发，新妇展开锦囊，新婚将两人头发依次放入。两人共同将锦囊线绳拉紧。意指夫妻双方血脉相融，白头偕老，永结同心。

4. 执手礼

起身，新人执手相视。执子之手，与子共箸；执子之手，与子共食；执子之手，与子同归；执子之手，与子同眠；执子之

手，与子相悦；执子之手，与子偕老！

5. 馂余设袵

这是通常所说的合床礼，正式成为夫妻。新娘脱服由女侍接受，新郎脱服由男侍接受，新郎亲脱新妇之盖头，此时侍人持烛而出。此后男女双方正式结为夫妇。

周制汉式婚礼——婚后之礼

婚后礼，新妇成为男家的一分子，与男家的亲族融合在一起，所以又称"成妇礼"。成妇礼主要有妇见舅姑、妇馈舅姑、舅姑飨妇等等。

1. 妇见舅姑

妻称丈夫的父亲为"舅"，称丈夫的母亲为"姑"，成婚后的第二天早晨，新娘就早早起床、沐浴，新妇拿着盛着枣、栗和腶修等物的竹器到公婆的寝门外等待。盛有"枣"取早起之意，"栗"取战栗之意，"腶修"取振作之意。

2. 妇馈舅姑

根据《礼记》，"妇馈舅姑"之礼是随着"妇见舅姑"之后的，

新妇亲自侍奉公婆进食，待二老食毕，妇要象征性地吃公婆的余食以示恭孝。之后有"舅姑飨妇"之礼。

另有一说，"妇馈舅姑"指的是新妇过门后第三天，就要下厨房烧饭做菜，以馈舅姑。以示自此后将主持中馈，以尽孝道。唐代有"三日入厨下，洗手作羹汤；未谙姑食性，先遣小姑尝"的描述。该俗应是后世的演变发展。

3. 舅姑飨妇

《礼记》记载："舅姑共飨妇以一献之礼。舅洗于南洗，姑洗于北洗，奠酬。舅姑先降自西阶，妇降自阼阶。归妇俎于妇氏人"。公婆共同以"一献之礼"来款待新妇。公公在庭中所设的南洗洗爵，婆婆则在北堂所设的北洗洗爵，酬酒后一献礼成，新妇把酒爵放置于荐的东边。饮酒完毕，公婆先从西阶下堂，然后新妇从阼阶（东阶）下堂。有司把妇俎之牲交与女家送亲的人，以便向新妇的父母复命。"妇馈舅姑"之后，公婆以"一献之礼"酬新妇，以示长辈的关怀。

一献之礼：先由主人取酒爵致客，称为"献"；次由客还敬，称为"酢"；再由主人把酒注入觯或爵后，先自饮而后劝宾客随着饮，称"酬"，这么合起来叫作"一献之礼"。在"献"的环节中，有洗爵的步骤。公公洗爵于南，婆婆洗爵于北。

一献礼成后，分别下阶。《礼记》记载："厥明，舅姑共飨妇

以一献之礼，奠酬，舅姑先降自西阶，妇降至阼阶，以著代也。"按照旧时的民居结构，西阶为宾位，阼阶为主位，新妇从阼阶下来，表示从此之后授之以室，代理家政。

4. 舅姑飨宾

《礼记》记载："舅飨送者以一献之礼，酬以束锦。姑飨妇人送者，酬以束锦。若异邦，则赠丈夫送者以束锦。"舅姑共飨妇之后，公公又以"一献之礼"来款待送亲的人，酒至酬宾，又以一束锦相赠。婆婆酬劳女送亲者，酬宾时亦以一束锦相赠。如果是与别国通婚，则另外赠送男送亲人一束锦。

5. 庙见成妇

庙见礼为"新妇祭行于祖先"，婚后三个月，夫家择一日，率新娘至宗庙祭告祖先，以表示该妇从此正式成为夫家成员。自此，婚后之礼完成。

周制婚礼注重的是"礼"字，整个婚礼庄重但不喜庆，没有喧嚣的吵闹，只有默默地依礼而行，体现了对自然之道和对"礼"字的敬重。

🔹 伏羲是中华民族敬仰的人文始祖

🔹 伏羲氏时代人们从事渔猎畜牧工作，为了制止群居乱婚，伏羲开始实践嫁娶制度，以俪皮为礼

🔹 从伏羲制嫁娶开始一直沿用的纳彩礼，大雁

🔹 位于甘肃省天水市的伏羲城

山东聊城婚俗博物馆（摄影师：汤存福）

1.古时婚礼流程

🔹 山东聊城婚俗博物馆

🔹 古代婚俗大妗姐

❁ 中国婚俗起源

❁ 周公（原名：姬旦）铜像

❁ 山东聊城婚俗博物馆内部

❁ 新人相亲

❁ 纳彩

❁ 新娘梳妆

❁ 迎新队伍

❁ 迎亲队伍

🔵 迎亲壁画

🔵 古代新人拜堂

🔵 古代新人洞房

2. 古时婚礼工具

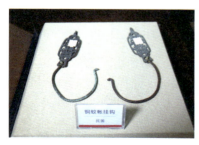

🔵 双喜铜蚊帐挂钩

🔵 双喜铜烛台

◆ 一九六〇年申请结婚报告表，一九八三年住房证，工会证，公费医疗证

◆ 龙凤呈祥搓衣板

◆ 古代婚礼花轿

◆ 婚礼食品印章

◆ 婚礼喜糖盒

◆ 婚贴（清代）

❀ 近代婚房

❀ 乐妓人物俑

❀ 琉璃喜字杯

❀ 民国时代婚房

❀ 青花喜字罐

❀ 双喜茶具

❀ 双喜罐

❀ 双喜铜盆

⚓ 双喜五彩樽式四方瓶

⚓ 娃娃瓷枕

现代汉式婚礼

⚓ 翠萍为新娘介绍"上头习俗"的寓意

⚓ 翠萍为新娘进行传统婚嫁习俗"上头成人礼仪式"

⚓ 翠萍主持孔庙汉式婚礼

⚓ 汉式婚礼大典新人进场

❂ 新人在敬拜天地圣贤

❂ 新人拜父母

❂ 萍姐为新人证婚

❂ 庄重华丽的汉式婚礼礼成

第四章

周制汉式婚礼的逐渐演变

周制汉式婚礼过渡到秦朝时期的"统一婚俗"，秦朝在统一中国前还是采用先秦的嫁娶"六礼"。先秦时期的婚礼程序：纳采，问名，纳吉，纳征，请期，加上正婚礼时的亲迎。除了沿用六礼之外，后代又逐渐演变出催妆、送妆、铺房等仪式。

在汉朝独尊儒术后，嫁娶方式受到生活方式和人们思想的转变，以及地方风俗等因素影响才发生了改变，但变化不大，时有增简，增则多在"六礼"环节的基础上添加副仪杂俗，简则多简并了几项正婚前的礼仪，以汉族为主体的中华民族祖先，在原始时期经历过乱婚、群婚的阶段，逐渐进入了文明社会，婚礼程序也随着时代的发展而逐渐演变。

一、唐朝汉式婚礼的演变

以下流程是唐朝以汉式婚礼为基础，添加了副仪杂俗的婚礼流程详解。

在古代，由于男子的社会地位比女子尊贵，因此，求婚也多以男方为主动。男方家长想为儿子娶亲的时候，就先请媒婆向女

家提亲（称"下达"），如果女家接受了这门亲事，就开始进行纳采、问名等一系列仪节。

1. 纳采（提亲）

纳采为六礼之首，男方向女家求婚，邀请媒人做媒，女家同意后，再收纳男家送来的订婚礼物，男家是用生面、肉包盒担到女家，女家则需回男家以纱巾、糖、绸巾、花肚等物。

2. 问名（占卜）

问名即男方探问女子的姓名及生日时辰，以卜吉兆，谓之问名。问名的目的有两个：一是防止同姓近亲婚姻；二是利用问名得来的生辰八字，占卜当事人的婚姻是否适宜。

3. 纳吉（换庚帖送聘书）

"纳吉"即问名，若卜得吉兆，男女双方八字不相冲，男方便遣媒婆致赠薄礼到女家，告知女家议婚可以继续进行，谓之纳吉，后称"过文定"或"小定"，通常在婚礼前一个月举行。男家择定良辰吉日，携备三牲酒礼至女家，正式奉上（第一书：聘书）。

4. 纳征（过大礼送礼书）

男方送聘礼：奉送礼金、礼饼、礼物及祭品等到女家，谓之

纳征。在对偶婚制时期，聘礼的性质是新郎以赠物表示对女方的好意或尊敬，以此证实自己有维持妻子生活的能力。另外，聘礼表现出男子能担任家庭和社会责任的标志，这反映出私有制社会里以及在生产力不发达的情况下，财富和权力在女子心目中的重要地位。

5. 嫁妆

女方家里的陪送，是女方家庭地位和财富的象征。嫁妆最迟在婚礼前一天送至夫家。嫁妆除了衣服饰品之外，主要是一些象征好兆头的东西，如：剪刀，寓意蝴蝶双飞；痰盂，又称子孙桶；花瓶，寓意花开富贵；鞋，寓意白头偕老；尺，寓意良田万顷，等等。当然各地的风俗和讲究都不一样。

6. 催妆

是男家派人携礼催请女家及早为新娘置妆的仪节。宋代，亲迎前三日，男家送催妆花髻、销金盖头、花扇等物至女家，女家则答以金银双胜御、罗花幞头、绿袍、靴等物。

7. 送妆

是亲迎前数日，女家派人将嫁妆送至男家的仪节。嫁妆往往用箱笼装着，也有人家为炫耀陪嫁，将嫁妆用方桌一一铺开，排

成一个纵队浩浩荡荡地送至男家。嫁妆通常有箱柜、被褥、首饰、衣服、绸缎、文房四宝及金银器皿等，还有以田地房屋、店铺、当铺作为陪嫁的。浙江一带，嫁妆中有一种叫作"子孙桶"的（大桶上有一大盖，为新娘生育时用），桶中盛有红蛋、喜果、谓之"送子"，有祝福之意。绍兴一带，还有送"女儿酒"作为嫁妆的，即在女儿满月或数岁后，即酿酒数坛埋入地下，待女儿出嫁之日，取出作为嫁妆礼品送至男家。

8. 安床

在婚礼前数天，选一良辰吉日，在新床上将被褥，床单铺好，再铺上龙凤被，被上撒各式喜果，如花生、红枣、桂圆、莲子等，寓意新人早生贵子。抬床的人、铺床的人以及撒喜果的人都是精挑细选出来的"好命人"——父母健在、兄弟姐妹齐全、婚姻和睦、儿女成双，自然是希望这样的人能给新人带来好运。

9. 铺房

是女家派人至男家铺设新房的仪节，有时和送妆同时进行。宋代，亲迎前一日，女家派人至新房铺设帐幔、被褥及其他房内器皿，并且备礼前来暖房。然后以亲信妇人或从嫁女使看守房中，不许外人进入，以待新人。铺房人必须是福寿双全、家境富裕的"好命婆"，以取吉祥。现代有些地方还流行此俗。

10. 上头

男女双方都要进行的婚前仪式。也是择定良辰吉日，男女在各自的家中由梳头婆梳头，一面梳，一面要大声说：一梳梳到尾，二梳梳到白发齐眉，三梳梳到儿孙满地，四梳梳到四条银笋尽标齐。"上头"是一个非常讲究的仪式。梳头要用新梳子，助"上头"的人必须是"全福之人"，即这人是六亲皆全，儿孙满堂之人。

11. 撑红伞

迎亲的当天，由好命婆或伴娘搀扶新娘出家门，在新娘头顶上撑开一把红伞，意为"开枝散叶"，并向天空及伞顶撒米。

12. 哭嫁

据《礼记》记载："孔子曰：嫁女之家，三夜不息烛，思相离也。"在古时，因为交通没有现代的方便，女儿出嫁后，就很难有机会可以见到家人。而事实上，出嫁后的女子不是可以像今天一样，随时可以返回娘家探望家人的，回娘家需要得到夫家的批准。此外也有以下的说法：说哭嫁是源自古时妇女不能拥有自由的婚姻，所以她们会用哭嫁的歌声，来控诉古时不公平的婚姻制度。

13. 出门

出门是指新娘离开娘家的意思。到达吉时，好命婆率领新郎新娘及众姊妹，走到门口必须禀告过天地之神方可出门。新娘由好命婆或新娘的哥哥背着上花轿。在新娘出门的时候，新娘的姑姑嫂嫂是不可以相送的，这是因为嫂字有个扫帚星的扫字的谐音，姑字有孤独的谐音，是故人们相信姑姑嫂嫂于出门时相送会带来不吉利。新娘出门时，由好命婆撑起红伞护着新娘，取其开枝散叶、鸿运当头的意思。众姊妹一边行，一边向上空、伞顶及花车顶撒米，用来"喂金鸡"，意思指鸡啄米后便不会啄新娘。新郎为新娘开车门，手护新娘头顶上花车。

14. 亲迎（送亲迎书）

古代婚配时，男方必须去迎亲。"亲迎"是六礼中最隆重的礼节。没有迎亲的新郎，就没有出嫁的新娘。古代亲迎，有徒步的，也有用车的，比较普遍的是用八人抬着大轿去迎亲。抬轿的人必须身体强壮，遇上别人家的花轿，绝对不可以与他们碰头，必须绕着走。迎亲回来时，还要找一条路回去，以取不会走回头路之意。如果途中经过庙、祠、坟、井、河等处，必须由男方娶亲的人拿张红毡子将花轿遮住，作为"辟邪"的意思。如果在途中遇见出殡的队伍，迎亲的人会说："今天吉祥，遇上

宝财！"因为棺材的谐音为"观财"，亦即看到财宝的意思，这样说主要是为了图个吉利。

15. 盖头

新娘子通常会以一边长三尺的正方形红围巾蒙在头上，这红色的围巾称为"盖巾"，俗称红盖头。对于盖头这种婚俗，一般有两种说法：其中一种说法是盖头是为了遮羞，而另一种说法是源自古代的掠夺婚，表示新娘子蒙上盖头后就永远找不到回去的路了。

16. 过门

过门的意思是新娘由女家出门后正式踏入男家家门，拜见翁姑及其他长辈。古传翁姑不可以直接看见新人进门，因为这样会相冲。所以翁姑在新娘进门时要回避，等新娘步入男家踏入新房后，由好命婆带领去翁姑回避的房间，请他们出来，那叫"三请翁姑"。然后新郎新娘拜天地，拜祖先。然后新人向翁姑跪奉香茶。翁姑会说一些祝福语，并送首饰及礼物给新娘。新娘收到饰物后需即时戴上，以示谢意。然后，新人会向其他长辈及亲戚奉茶。

17. 拜堂

又称为"拜天地"，是婚礼中一个很重要的仪式。"拜堂"并

不属于古"三书六礼"，这一婚俗于宋代以后非常流行，经过"拜堂"后，女方就正式成为男家的一员。"拜堂"时，主持婚礼的司仪会大声地说："一拜天地，二拜高堂，夫妻交拜，齐入洞房。"其实，拜天地代表着对天地神明的敬奉，而拜高堂就是对孝道的体现，至于夫妻对拜就是代表夫妻相敬如宾。

18. 酒宴

酒宴几乎是每对新婚夫妇行婚礼时必不可少的仪式，流传到今天，"吃喜酒"已成为民间行婚礼的简称。酒宴有繁有简，规模不等，其最主要的意义是新郎新娘的婚姻得到了亲朋好友的承认。因此，酒宴也是婚礼中最具有社会意义的环节。

19. 合酒

以线相连，新郎新娘各执其一，相对饮酒的仪式。酒杯一分为二，象征夫妇原为二体，以线连柄，则象征两人通过婚姻而相连，合之则一，象征夫妇虽两体犹一心。新婚夫妇在酒宴上共吃一鼎所调制的菜肴，同喝一杯，象征夫妻间互敬互爱、亲密无间。由于这一仪式意义深远，所以后来的婚礼中都少不了这一节目，当然，随着时代的变迁，名称有所不同、器皿也有所变化、饮酒的形式也不一样。

20. 闹洞房

旧时规定，新郎的同辈兄弟可以闹新房，老人们认为"新人不闹不发，越闹越发"，并能为新人驱邪避凶，婚后如意吉祥。民间有"新婚三日无大小"，"闹喜闹喜，越闹越喜"的说法。

21. 三朝回门

即归宁，三朝是指婚后的第三天，新娘在丈夫的陪同下，带着烧猪及礼品回娘家祭祖，然后再随丈夫回到夫家，相传在先秦时已有这样的习俗。归宁，就是回娘家向父母报平安的意思。在古时，交通没有现代的方便，如果女子的夫家离娘家很远的话，所谓出嫁从夫，女子到夫家后就可能没有机会再回到娘家了。所以回门可能是女子踏足娘家的最后一次机会。亦因为如此，人们十分重视归宁这一婚礼习俗。

归宁男家需要预备：烧猪一只、西饼两盒、酒两瓶、竹庶两支、鸡一对、生菜生果两篮、葱和伊面两盒、鸡仔灯笼金、猪肚及猪肉各两斤。

婚前礼、正婚礼和婚后礼，礼成。

随着时代的不断变化，中国婚嫁习俗也在不断地变化，各省各地区都有自己不同的婚礼习俗版本。不过万变不离其宗，周制婚礼的原型一直绵延流传下来。

二、明清时期的特殊婚俗礼仪

在明清时期我国出现了一种婚俗叫"冲喜"，而且冲喜的风俗有很多，比如：男方找了女方，随后男方忽然患了重病或者本来就有病，男家为了自己的儿子病情快点好起来，就找女方成家，这是民间其中的一种"冲喜"方式。"冲喜"的风俗在古代一些书籍中很常见，明朝的大文学家汤显祖在他有名的《牡丹亭》中曾有一段："老夫人替小姐冲喜。"而明朝冯梦龙在《醒世恒言·乔太守乱点鸳鸯谱》中写道："刘妈妈揭起帐子，叫道：'我的儿，今日娶你媳妇来家冲喜，你须挣扎精神则个。'"《红楼梦》中也有冲喜的说法。

由此可见在明朝和清朝就有"冲喜"这一风俗。对于古代民间的冲喜，后来被认为是封建迷信，当然在一个人重病或者长期有病的情况下，以这种风俗强迫结婚的确有些残忍，也是没人性的。因为这种"冲喜"根本冲不掉人的病，只会给别人造成一生沉痛。

古代不仅出现了"冲喜"的婚俗，在明清时期还盛行"童养媳"的婚俗。

关于童养媳的婚俗，我小时候听外婆讲得最多，所以在这里我会多讲一些，相信大家都会有兴趣了解"童养媳"的婚俗。

中国古代社会之下，有这么一群女人，她们早早被决定了自己的命运，一生与别人挂上了不可分割的关系，她们的生存状态以及情感体会丝毫不被在乎，尤其是在中国古代社会重男轻女的思想背景之下，她们的命运掌握在别人的手里。

童养媳作为我国古代流传甚久的一种婚俗，在中国古代产生了十分久远的影响。即使在进入现代社会之后，仍然有部分地区保留着这个习俗。这种残酷的婚姻制度，对中国传统社会的女性产生了极大的负面影响。

童养媳，又称"待年媳""养媳"，就是由婆家养育女婴、幼女，待到成年正式结婚。童养媳在清代几乎成为普遍的现象。那么一种制度或者习俗的产生也绝对不是偶然，它必然有它存在的基础和条件。那么封建社会之下盛行的"童养媳"制度到底诞生于何时，又是什么样的时代背景促使了它的出现？

"童养媳"的名称，起于宋代。元、明、清时，童养媳从帝王家族普及社会，小地主或平民，往往花少许钱财买来，以节省嫁娶聘礼。

中国古代最早关于童养媳的记载出现于三国时期，而真正作为一种婚俗是在宋代以后，由上层的这种婚姻制度逐渐过渡到下层民众生活之中。

一般童养媳的产生有着各方面的因素。有的家庭是因为家庭贫穷，生出的女儿即使抚养之后还是得嫁给他人，倒不如直接在

年幼之时赠送或者卖给他人。一种是因为当时社会的结婚聘礼重，童养媳的方式能够减轻一定家庭压力，还有就是古代盛行的一种"冲喜"的方式，如果家中有什么灾难，习惯用一件喜事来冲走厄运，带来好运。但是这一切都是建立在没有遵循女性的意愿基础之上的。

新中国成立后，国家颁布了《婚姻法》，抱养童养媳的问题基本上得到了解决。女性得到了解放，这是我国文明的一大进步。

中国古代社会婚姻仪式一直遵循周公六礼的传统——纳采、问名、纳吉、纳征、请期、亲迎等六道婚姻程序，直到明清时期。当然，明清婚俗仪式与标准的先秦六礼比较起来，也发生了局部变化，明清社会主要奉行朱子的《家礼》，朱子《家礼》对传统婚姻"六礼"进行了简化合并，形成纳采、纳币、亲迎三个项目。也就是婚姻三大仪式，纳采为议婚仪式，纳币为定婚仪式，亲迎为完婚仪式。

以下是明清时期的婚礼程序：

（一）议婚

明清人要缔结婚姻关系，第一步是议婚，就是在儿女成年后，家长有了男婚女嫁的动议，然后，请媒妁在中间穿针引线。

按中国从夫居的传统习惯，议婚是由男方先提出来。当时定婚的原则是"门当户对"，"婚必择门第"是当时的一种习惯，这种"门第"不一定是家族的社会政治地位，而是家世清白，家族伦理被优先考虑。男方在提亲之前，对女家家世人品已经有了解，然后选择媒人上门表达求婚的意向。

议婚过程中，媒人必不可少。媒妁上门一般带一点礼物，并讨取女子的年岁文书，明代浙江称为"讨年帖"，如果女方同意，就会办酒席招待，称为"许亲酒"，或者用银牌写"允许"二字，明代南京称为"谢允"。北京一带"庶民家男女年命合婚"，如果合适，男家就前往女家看望，并留下一件礼物如簪花、戒指、巾帕之类，表示结亲的意愿。清代除女子的年庚帖子要交给男方外，男方也会将男子的庚帖交女方。这种帖子用绛帛或红纸书写，上载男女生年、月、日、时的干支，"二家合索男女生庚，令术家推算"。民间称为"换庚帖"，也称为"合八字"。这相当于古代的"问名"礼，双方命相相合，婚姻就初定下来。

（二）定婚

男女双方门第相当，命相相合，就可进入定婚阶段。定婚一般分小定、大定两道仪式。小定相当于古代的纳吉，又称"小茶礼"，在通过测算或占卜认为男女婚姻合适之后，男方就带着礼品到女家行礼，礼品丰俭随家。接着行大定礼，又称"纳币"、

"大茶礼"、"行大礼"、"聘礼"等。大定相当于古代的纳征，这是男家在迎娶之前送给女方的一笔聘礼。

（三）亲迎

"亲迎"是古代婚姻六礼中的大礼，即在婚礼举行那天，由新郎亲自前往女家迎娶，明清时期一些地方仍存在"亲迎"的礼仪。山东不少地方保存了亲迎古俗，如宁阳县"届期亲迎，鼓乐前导，沿途贴青龙字镇白虎。婿至女家，拜见女父母，奠雁代以鸡。女冠髻蒙首，喷饭登轿或车，女家送女同婿归"，河南光山"男娶必亲迎"；河北乐亭"娶时，无论贫富必亲迎"。

三、二十世纪到二十一世纪的婚俗礼仪

中华民族有着五千年文明悠久的历史，从远古走到现在，从愚昧走向文明，我们的祖先给我们留下了源远流长、博大精深的古国文明，很多传统习俗传承至今，也有很多习俗虽没有广泛流传，但也被人们沿用至今。在婚俗礼仪上，中国各个地区的习俗都有差别，大家都知道叫各方各俗。在最早时人们遵守的大多是周制汉式婚礼，每朝每代都有改变，但是万变不离其宗。中华传统习俗文化是以感恩和孝亲为主旨流传下来，孝道是中国传统社会十分重要的道德规范，也是中华民族尊奉的传统美德。在中国

传统道德规范中，孝道具有特殊的地位和作用，已经成为中国传统文化的优良传统。而传统婚嫁习俗更是以拜祖、敬亲为宗旨的传统。即便曾经丢失了几十年的婚嫁习俗，也没有被人们遗忘，相反被更重视并沿用。

即将步入花甲之年的我，非常荣幸被公认为"全福大妗姐"，我由衷地感叹，能生于这个时代此乃我幸！感恩感谢！

打小就被外婆的婚嫁故事熏陶的我，对父母辈那代人的婚礼略感惋惜，他们的婚礼都是一切从简的，简单到甚至谈不上"婚礼"二字。这些都已经成了历史。

古代人嫁娶靠的是"父母之命，媒妁之言"，婚礼讲究排场。而到了二十世纪五十年代，人们开始自由恋爱，婚姻自主基本实现，"大妗姐"媒婆开始失业，婚礼不再追求场面的豪华，主要是因为五十年代正处在新中国成立的初期，百废待兴，物质匮乏，人们不得不量力而行，一切从简。

到了二十世纪六十年代，中国发布了新的《婚姻法》，包办婚姻成了历史，单身男女可以大大方方地自由恋爱，婚礼也有了当时的一套约定——简单。而把传统婚嫁习俗的礼数和做法看成是封建迷信而被丢弃。那时结婚用品多数都是一个柜子，一个桌子，一张床，四把椅子或者凳子，条件好的家庭还能有个橱柜，那个时候的家具基本上都是纯实木的。

到了七十年代，粮票布票紧俏的时代，家家户户的日子过得

都差不多。从那时开始兴起了拍结婚照，两个人并排一坐，头往中间一靠，一张简单的黑白结婚照就完成了。结婚的标配"三大件"（手表、自行车、缝纫机）开始出现，再加上收音机，合成"三转一响"。婚礼最热闹的场景是，新郎和新娘要当众吃一个悬吊在空中的苹果，大家一起逗啊、乐啊！

到了八十年代，改革开放的春风席卷神州大地，点燃了亿万人民奋斗的激情，婚礼也随之变得开放和时髦。新娘穿起了漂亮的婚纱，戴起了洁白的头纱，手上捧着当时最流行的塑料花。人们可以公开关心婚姻大事，开始大大方方在报纸征婚，还有的走进了为数不多的婚介所。结婚证，成为真正意义上的法律文书，并从奖状式变为护照式。彩礼的标配也发生了质的变化，电视机、洗衣机和电冰箱开始流行，成为结婚的"新三件"。为了喜庆，所有的东西都要戴上大红花，那时候有了风靡全国的华丽的绸缎被面，攒上半年一年的工资，也要在结婚的时候置办上。

到了九十年代，改革春风吹满地，市场经济推动行业间不断竞争和融合，人们的观念逐渐张扬和开放，在婚礼上也有了自己的排场，"万元户"成了金龟婿的代名词。传统的三大件不断升级换代，"彩电、影碟机、音响"和"三金一木"先后亮相。这时的婚礼也开始效仿国外的西式教堂婚礼，婚纱照、礼服、花车、录像形成新组合，成为当时的标配。那时，摄影摄像镜头开始出现在婚礼上，婚礼录像开始兴起。

到了二十一世纪，酒店成了婚礼的主战场，婚礼车队也越来越豪华，更有了中国特色的婚庆公司，各种仪式花样百出。婚纱照也是想去哪儿拍去哪儿拍，想咋拍就咋拍。婚房装修也有了专业的设计师，这个年代，我们获得了空前的发展自由。互联网社交平台层出不穷，电视相亲、网络交友、相亲会已司空见惯。婚礼仪式越来越像一场炫目的演艺盛典。

值得庆幸的是，二十一世纪开始，随着经济的发展，人们生活水平不断提升，传统文化慢慢复兴，特别是习近平总书记号召全国人民尊重传统文化，传承中国传统文化。传统婚嫁习俗才从沉睡中慢慢苏醒，一点一点地让人们重新熟悉、接受、喜爱，直到现在，每逢婚礼旺季大妗姐的服务都是供不应求的。

至今日，婚礼人都知道一句流行语"四大金刚，一大支柱"，意思就是：每一场婚礼的婚礼策划师、摄影摄像、主持人、化妆师这四大金刚还不够，必须加上一大支柱"大妗姐"，婚礼才能真正完美而顺畅。

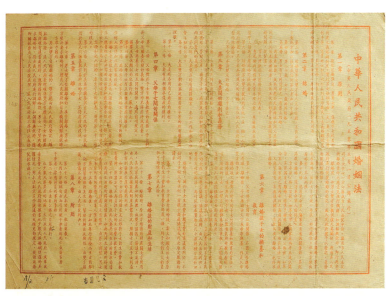

1. 博物馆场景

2. 各时期结婚照

3. 婚俗说明

民国时期回娘家

古代结婚过火盆

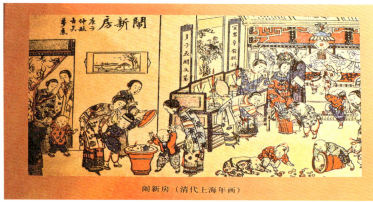
闹新房（清代上海年画）

◆ 送子观音

◆ 子孙娘娘

童养媳

童养媳制是中国封建社会中一一种常见的陋习，童养媳在农村间多出于贫穷之家，女方家长为免除抚养负担，便把女子送往男方，男方家长也有为先有为成年后聘亲而抱童养媳的，这种畸形婚姻，并未随着中国进入近现代门槛而消失。

童养媳连环画

白头富贵

由白头翁和牡丹花构图，周智标《爱莲说》："牡丹花富贵者也"；白头鸟大小加画图，老则白头，又名白头翁，喻白发老人，白头富贵，中国旧时常用作新婚贺图，哈头偕长寿恩爱，白头偕老。

谢媒与回门

婚宴时，新郎、新娘要向媒人敬酒，宴毕要向媒人拜谢，同时要送上一笔"谢媒钱"。婚后第三天，新娘家兄弟要备轿接新娘夫妇回来省亲，称为"接回门"。

民国时期娶亲队

回娘家的新娘

跨火盆

我国古代礼仪之一，此俗的意义在于隐形避凶，变祸为福，跨之之举别有这番不祥，兴旺蓬勃的象征，这种习俗，在中国其它地方也非保留，例如广东叫新娘'过火海'，福建惠安叫'跳火群'，其意义是取其喜象，希望生活像火一样红起来，并且希冀用火烧去一切晦气，因此也迁入一般家庭生活中，有些家庭在大年三十时举行，当然，火势不会很大，象征性而已。

哭嫁

哭嫁的风俗，不知起源于何时，拿在战国时期，赵国的公主嫁到燕国支做国后时，她的母亲赵太后在临别时"持其踵，为之泣，祝回，必勿使返。"大约就是表示不舍得其哭嫁风俗的滥觞了，这种风俗，直至清末还盛行，随地区变化而大同小异。民国时期，娶新嫁女，没有哭嫁不哭的人家，如果出现嫁而不哭的结婚，也会被邻里里瞧着没有教养的人，传为笑柄。

古代哭嫁的民俗

红盖头与喜神讶王

据传，喜子孕前见临天尊之令登玄之前时，得遇讶王封为喜神，从此民间嫁娶，见用结婚须请王讶送迎。

新娘蒙头红往与喜神讶王有关，讶王进攻时看到一群继前围攻，民间害下语系，拿众公女用，给新娘蒙头红，并恐惧路，是想象刻，原来讶王只见到村红的刻脸缘身诱子的脚，讶王立系贴送续恶红红色迷见了，两军交战时，讶王立续在红的片绣的脚，就以，到三一足系红，一听我说吼，因此，以后继续之人都以红的做蒙上系红，高挂粉色，以退着讶王，请新娘安接回家。

[图片]

民间女子出嫁用的四明轿子

传说，北宋末年宋高宗赵构在逃避金人追捕的途中，被宁波浣纱女所救，后高宗寻访女子无果，便下了一道圣旨，凡是宁波女子出嫁特许乘坐四人抬大轿，因宁波有四明山，故称"四明轿子"。

4. 结婚喜品

5. 结婚证的历史演变

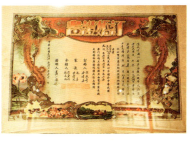

❀ 男家过大礼：包罗万
有红包

❀ 男家过大礼：财物

❀ 男家过大礼：金饰

❀ 安床仪式

❀ 安床仪式：早生贵子
盆，里面呈现的有红
枣、花生、桂圆、莲子、
扁柏叶，寓意早生贵
子，圆圆满满

❀ 潮汕独特的安床习俗
仪式，框里呈现的有
油灯、米馃荷包、稻
谷、小汤圆、大橘子，
寓意添丁发财、丰衣
足食、大吉大利

❀ 男家过大礼女家回礼：
生姜、芋头苗

❀ 上头仪式：传统婚嫁
上头仪式摆阵

❀ 上头仪式：新娘上头
摆阵

❂ 上头仪式：传统婚嫁上头
　　摆阵

❂ 女家嫁妆财物

❂ 新娘嫁妆

❂ 新娘嫁妆：传统复古的
　　新娘随嫁箱笼和红伞

❂ 新娘嫁妆：红拖箱

❂ 新娘嫁妆：添丁发财盆

❂ 女家嫁妆财物

🔸 新娘红盖头

🔸 传统习俗：迎亲担

🔸 婚礼敬茶仪式茶具

🔸 新娘三朝回门金猪

🔸 长辈赠予新人的祝福金饰

🔸 寓意早生贵子的布置

第五章

现代传统婚礼的筹备与
礼品清单

　　西周时代的婚姻家庭制度，在我国法制史上是比较完备的，它不仅影响了近代婚姻制度，对当今的婚姻家庭制度也具备着重要的借鉴作用。西周的婚姻制度是在"礼"的规范下形成的，婚姻的原则、规定也是十分详备的。这些珍贵的传统文化，如今逐渐复兴起来。作为一个民间婚俗"全福大妗姐"，能赶上这么大好的形势，真的是我的福气，福上加福。所以，我迫不及待地想跟大家分享我的快乐，分享我工作中积累的经验。

　　我国从古到今，各朝各代，人们对婚礼都是非常重视的，但是我们却一度丢失了这么宝贵的传统文化，人们的婚礼曾经一简再简。直至今天传统文化大复兴，人们才从梦中惊醒。可惜，懂得传统婚嫁习俗和其意义的人已经不多，庆幸我是其中的一个。所以我非常感恩！对待工作一丝不苟，接纳新事物，结合旧传统，弃之糟粕取之精华，不断努力、不断总结。

　　以下就是我结合现代人的生活习惯总结出来的"婚礼实用工具"，这也是从古绵延至今演变的婚礼习俗"六礼"之礼。

一、现代结婚新"六礼"流程实用版详解（此流程既实用又保持传统精髓）

多年来，每次执行服务之后我都会做总结，由于我服务的区域比较广，所以各方各俗我都有了解。传统婚礼中会有很多装饰性的器物，每一件都有其吉祥的用意。贴近新人的参与者必须自觉遵守婚礼的禁忌和语言禁忌，比如：大妗姐和伴郎伴娘是不能由鳏寡孤独者（就是离异失亲者）担任的，这并不是说由这样的人担任就一定会不吉利，而是因为在传统观念中，鳏寡孤独者恰恰表现了一种不和谐、不圆满，和仪式中向天地祈福的初衷是相悖的，因此有了这样的禁忌，所以我们都应该不打破这样的禁忌。

现代人的婚礼，男女双方沟通择好婚礼吉日后，通常第一个礼节就是过大礼，因为都是自由恋爱，到了谈婚论嫁的时候，双方家庭都已经非常熟悉了。所以定好婚期，接下来就是过大礼了。过大礼是中国传统婚嫁习俗中，确认两家结为姻亲，更是男家对女家表达感谢诚意的一个重要礼节。以下婚嫁习俗流程就是从过大礼开始的。

婚嫁新六礼流程详解：

（一）过大礼仪式

新时代的人们办喜事，大多数不愿意太烦琐，但又想保持一些比较重要的传统仪式。所以过大礼可以因人而异，城乡有别。礼物可按传统礼品清单照单全做，也可以只选部分为实物，其他用一个"包罗万有"红包来代替。前提必须是男家女家双方要达成协议，以和为贵。看完此流程即使没有专业的习俗工作人员带领，只要找个夫妻双全、有儿有女好福气的长辈带领就可以顺利完成过大礼仪式。

1.过大礼流程（如果只需非常简洁过大礼的话此流程只做参考）：

①择吉日。过大礼最好是婚礼前十五天左右进行，宜早不宜迟。因为过大礼礼成之后才算真正定下这门亲事，才能派发喜帖。（若想提前发喜贴也是可以的）

②男女两家预备好礼品。男家必须预先备好过大礼的礼品，女家也需预先备好回男家的礼品。（本书后文有清单）

③嫁女饼。男家出钱买，女家负责派发。女家要预先统计好派送亲戚街坊的嫁女饼需要多少，把数量报与男家，男家按需要

数量预先买好，过大礼时一并送过女家。（现今人求方便，派发饼券也是可以的）

④ 安排过大礼人员。过大礼的人员最好是双数，一般由新郎的兄弟姐妹或表、堂兄弟姐妹搬运礼物，还要请一位或两位好命婆或好命公长辈带领一起过大礼，人数不限。

（注意：新郎最好不参与搬运过大礼的礼品，因为有说法，参与搬搬抬抬会有辛苦命。）

⑤ 过大礼当天早上必须先禀拜祖先，家里没安置祖先牌位的就要拜过当天方可出发。

⑥ 女家要预先备好回礼，煮好一煲适量的汤圆糖水（糖水料：红枣、花生米、桂圆肉、莲子、百合）等候男家人到来。

⑦ 男家过大礼人员到达女家后，带队的好命长辈要大声报喜，有声有色营造喜庆气氛，把所有礼品搬进女家，摆放在大厅适当的位置，礼金和小件礼品宜放桌子上。好命长辈要跟亲家说几句好话，然后请新娘出来，新郎或好命长辈一一介绍送礼人员，有备礼书的呈上礼书，没有备礼书的就大约介绍一下都送了些什么礼物。介绍完之后说几句好意头的吉祥话，请亲家笑纳。女家一边招呼男家来人吃汤圆糖水，一边拿部分过大礼的礼物去禀拜祖先，然后整理回男家的礼物。先回礼金及利是，然后回女家自己预先准备好的礼品。（后文有清单）

2.禁忌和注意事项

① 男家送过来的礼物女家只可收受一半，剩余一半留作回礼。男家送过来的金器首饰只在过大礼时让女家亲戚朋友过过目，当天或在举办婚礼前几天送回男家，因为婚礼那天，新媳妇敬茶的时候新公公新婆婆要亲手给儿媳妇戴金器首饰。（也可按各方各俗来决定）

② 准新娘切记不可以吃过大礼的喜饼或西饼。据说会吃掉自己的福分。

为了收到更加喜庆更加精彩的效果，请一位专业的大妗姐主持过大礼仪式是最好的，因为大妗姐能说会道，吉利话不断，拜祖、过礼、回礼，还能从头到尾井井有条，这样男家和女家的主人都可以轻松快乐。

3.过大礼礼品清单

① 礼金：丰俭由人，用带双喜的礼盒或特制的礼金箱装好，最重要的是能表示男家感谢女方家长对女儿的养育之恩。之前要与女家商定礼金数额，尾数可以是吉利数字，如六六六，八八八，九九九，女家回礼金时可直接回尾数，也可在尾数前带整数。有些地区流行回整数一百或一千，意思是准新娘是个万里挑一的女孩子。

②嫁女饼：一担（指的是两只罗筐或两只竹篮）嫁女饼的数量必须与女方家商定好再购买。

③海味：分四式、六式或八式，款式与数量丰俭由人，通常每款分作四包、六包或八包，不论斤数。发菜是必选礼物（谐音：发财），不可缺，其他可选的物品包括鲍鱼、蚝豉、元贝、冬菇、海参、鱿鱼、虾米、鱼翅及鱼肚等。

④三牲：鸡两对，两雄两雌。猪肉四至六斤，起双飞（即一片相连开二），取其意为夫妻心连心，比翼双双飞。

⑤鱼：四条大鱼或鲮鱼，取其意为有腥（声）气。

⑥椰子：两对。取其意为有爷有子。

⑦酒：洋酒或米酒共四支。取其意为酒香四溢，好事连连。

⑧喜八果：红枣、连壳花生、桂圆干、莲子、百合、红豆、绿豆、喜糖。取其意为早生贵子、百年好合、甜甜蜜蜜。

⑨生果篮：两个。取其意为生生猛猛（苹果、石榴、火龙果、提子、橘子、柚子）

⑩茶叶、芝麻：各两份。因为种植茶叶必须用种子，故以茶叶作礼品，暗喻女子一经缔结婚约，绝无反悔，即油麻茶礼。

⑪全盒两个，俗称全福盒（即糖果盒，双层单层都可以）：内要装满糖莲子、糖莲藕、小小颗的鸡心枣、糖椰角、红豆、绿豆、芝麻、喜糖（这些东西到婚礼敬茶仪式的时候必须用到），女家要回一个全盒给男家。

⑫ 精装喜事贴门对联两对（男家女家各一对），女家收起一对，回一对。

⑬ 精装龙凤烛两对（男家女家各一对）。

每个袋或箩筐都要放些吉祥叶：扁柏叶、芙蓉叶、柚子叶，最少选其一。

若不想太麻烦的话，以上礼品除了礼金和生果篮外，其他可以用一个"包罗万有"的大红包代替，算好买礼品大概多少钱，把钱放进大红包里送给女家。此举适合要求简单的人。

4. 女家回礼清单

① 女家预先备好：莲藕两条（天成佳偶），芋头两只大的，一窝小的（白头偕老，子孙满堂），石榴两只或六只（多子多福），龙凤礼饼两盒（龙凤呈祥），扁柏叶一把（驱邪避凶），生姜两斤（添丁发财），女婿的长裤一条（长命富贵）。

② 回男家送过来的礼物一半或若干。如果男家送过来的是"包罗万有"大红包，那么就从红包里拿出一半礼品钱作回礼即可。

③ 回聘金：可回吉利数，也可在礼金中回个一（一百元、一千元），意为我家闺女是万中挑一。

④ 煎堆、发糕：寓意为大发，步步高升。

5. 其他注意事项

过大礼之后，婚礼的吉日也快到了，以下是提醒喜主在这段时间该做的事：

① 婚礼当天长辈、长者接送的车辆妥善安排。

② 提前将新婚当天的内衣、睡衣等清洗、放好。

③ 新娘到美容院护肤、修眉、做水晶彩甲。

④ 准备好婚礼当天的各种费用，准备好当天需要的红包（姐妹开门红包等）。

⑤ 将婚礼当天所需物资分类并清点放好，包括：回礼、喜酒、礼炮、婚纱相册等。

⑥ 婚礼当天首饰、配饰、内衣、丝袜、鞋（其中必须准备厚底鞋，迎宾的时候穿）、香水、化妆品等，均应备妥，整理于衣柜同一位置，方便当天使用。

⑦ 婚礼当天的贵重物品、金饰、敬茶利是等一定要安排专人保管。

⑧ 准备好婚礼当天派发的红包，男家注意多准备接亲环节的利是，多预备不同额度的利是。祝大吉大利！顺利圆满！

（二）安床仪式

此仪式必须由好命婆执行。

婚礼如期而至，如喜主已择吉时就按吉时执行安床仪式，如没有专门择吉时，最好是选在婚礼的前一天晚上进行安床仪式，因为此时已进入吉祥的日子。

首先，在安床仪式之前，我们先要选购好一张新的婚床，寓意新的开始。

新床买回来之后的摆放是非常有讲究的：床门向窗，衣柜顺堂，门不对柜，镜不向床。通常人们会把新床摆放在新房当中位置最和谐的地方，新床的床底最好不要放杂物，这样不吉利。准备好以后，好命婆开始进行安床仪式。

传统的安床仪式的流程一般分为开铺、升帐、铺床等过程。好命婆会在整个过程中说上一系列的吉祥话祝福新人，把自己的好运气传递给新人。铺好的新床上，好命婆会摆上一些寓意吉利和早生贵子的干果和水果，如红枣、花生、桂圆、莲子、百合、苹果、火龙果、柚子等等。

在好命婆给新人铺好床之后，可以找一两个幼童在床上滚一滚也叫压床，可以找身体健康、活泼爱笑、聪明伶俐的孩子，为新人增添孩子的福气，让他们在床上翻滚，起到喜得贵子的寓意。喜主人一定要记得给压床的孩子发放红包，表示感谢。

（注：为了保持铺好床完整美观，小孩压床、跳床最好是在婚礼当天接回新娘之后举行。）

禁忌注意事项：

① 禁让失婚者进新房，更不能坐卧新床。

② 离异、丧偶或者不能生育的亲友，不可以触碰新人的任何物品，在新婚当天，也不可触碰新郎新娘。

③ 除了两位新人和跳床的花童外，任何人不得坐在新床上，更不能躺新床。

（三）上头礼仪

此仪式必须由好命婆执梳，若喜主家父母本身也是好命人可以由父母执梳。好命婆需要在婚礼的前一天晚上或按喜主家所择的吉日吉时到达男家做上头仪式。传统做法必须是男先女后，男家新郎礼成之后才到女家做新娘上头仪式。男女家若相隔路途比较远的话，可选择其中一方另请一位好命的长辈由大妗姐远程指导上头仪式。

结婚上头仪式是婚嫁较为重要的习俗之一。上头又名上梳，是古时男子成婚、女子出嫁前改变发型的礼仪，指婚礼前将新娘的辫子改梳成发髻，并戴上头饰。原为男子加冠、女子加笄仪式的通称，现今作为敬拜和感谢天地之神、月老之神、喜主家的列位先祖的仪式，也是新郎新娘成年的标志。

现代婚嫁礼俗中的上头仪式，大多是在大婚的前一晚，男先女后分别进行上头的仪式，并由好命婆主持。

上头即梳头，象征一对新人正式步入成人阶段，组成新家

庭，肩负起开枝散叶的使命。

上头仪式前应先用柚子叶沐浴（柚子叶可涤除污秽），换上全新的内衣裤和睡衣（取其新的开始之意），宜选可以看见月光的窗边或阳台，案上摆放好龙凤烛、龙凤饼一对、连衣椰子一对（有爷有子）、苹果、橘子、京果及蜜饯（糖莲子、糖莲藕等）、三碗汤圆、扁柏叶、上头套装（镜子、剪刀、梳子、尺子、针线）。

由新人的父亲诚心点起龙凤烛，大妗姐带引新人与其父母敬拜天神、各方尊神、月老之神，下拜土地之神，请他们为良缘见证，并保佑新人能同偕白首，婚姻美满，早日开枝散叶。好命婆用梳或篦替新人梳头，同时说出吉祥话语："一梳梳到尾，二梳梳到白发齐眉，三梳梳到儿孙满地……"

最后好命婆需把扁柏及红头绳系在新人的头上，礼成后好命婆指引新人谢恩父母，给父母奉上寓意甜甜蜜蜜、团团圆圆的汤圆，在感恩父母养育之恩的同时让父母放心，孩子已经长大，今后会好好孝敬长辈。好命婆也端起一碗汤圆分享给新人，寓意好命婆传递福气，让幸福延续。香烛让其自行熄灭。

上头物品：

男家：龙凤烛一对（龙凤呈祥），子孙尺（良田万顷、此尺可证、惠及子孙），镜子（为人光明正大），扁柏（青春常驻，岁岁平安），剪刀（利器之一，利生财有道），梳子（办事工整条理，

顺利圆满），红头绳（象征古代束冠用具"笄"鸿运当头），苹果（平平安安），橘子（大吉大利），喜糖（甜甜蜜蜜）。

女家：龙凤烛一对，子孙尺，剪刀，针线针扎（女红用品），镜子，梳子、篦（整妆用品），扁柏，红头绳（象征古代笄礼用具"簪"鸿运当头），苹果、橘子、喜糖。

（四）接亲仪式（即"六礼"亲迎）

按照婚礼流程表的指引，男家女家早上都要早起做准备：

① 家有祖先神位的早起拜祖。

② 新郎新娘化妆，吃早餐。

③ 新郎跟进婚车花轿的装饰。

④ 摄影摄像拍花絮。

⑤ 新郎带齐三件宝：姐妹开门红包、戒指、手捧花。按预定的路线出发，出发前要跟父母请示，以表示对父母的尊重。

⑥ 出发放礼花炮，来回共四次。

⑦ 到达女家过堵门关大考验，此时预先准备的开门红包起作用。

⑧ 游戏的环节要过关，要好玩。

⑨ 闺房找鞋，爱情宣言。

⑩ 给新娘父母敬茶，改口、感恩。

⑪ 领新娘出门，此时要由大妗姐拉着新娘的手，走到大

门口，大妗姐大声禀告过天地之神，新娘方可跟随新郎上花轿花车。

⑫ 新郎新娘到达男家，门口要预先准备好一个火盆，新娘要"跨火盆"，这是传统婚礼中重要的环节，寓意婚后日子红红火火，家业兴旺。新娘跨过火盆再大步跨进婆家门（不能踩门槛）。

⑬ 兄弟姐妹们跟随新郎新娘进入新房闹洞房，踏新房，抓床上的喜糖吃，沾喜气。此时，如果在婚礼前一天安床仪式的时候，没有找幼童做压床仪式的，此时可以让小孩做压床、跳床仪式，即让幼童在新床上翻滚。

⑭ 新郎新娘"合髻"，也称"结发"，是中国传统婚俗礼仪，"合髻"其象征意义就是夫妻和睦，永结同心。"结发"的具体操作方式历代不同，先秦、秦汉时的"结发"，就是新郎亲手解去新娘在娘家时所结的许婚之缨，即系头发的彩带，重新梳理头发后再为之系上。隋唐以后的"结发"，是男女双方各剪下少许头发，挽成"合髻"，马上交给新娘保存起来。世人常用"结发"、"合髻"作为夫妻结合的代称，甚至特指为"原配"（亦称"元配"）夫妇，表示夫妻间互敬互爱，意义重大。我国复兴婚嫁习俗之后，这一礼节也会在新娘回到男家之后由大妗姐指导完成。

（五）敬茶仪式

敬茶仪式也由大妗姐主持，是每对新人都要进行的重要传统仪式。

① 敬茶仪式的意义：作为儿女，新郎新娘通过向父母和长辈敬茶来答谢他们多年以来的养育之恩。家人长辈们也会为新人送上新婚祝福。另外，敬茶仪式也称为改口仪式，新人在敬茶时会向另一半的亲人改叫正式的称呼，代表正式成为一家人。

② 敬茶仪式的准备：茶叶，传统中国茶例如普洱、铁观音或香片都适合使用。每一杯茶须加入一对莲子和红枣，有早生贵子的意头。另外要准备的是一套茶具，也是代表新婚的象征信物。你可以使用嫁妆里的茶具或家传茶具，如果你的家族比较大，记得预定足够数量的杯子供仪式之用。还需要准备一对红色的跪枕，新郎新娘各一，仪式期间跪坐上面。

③ 敬茶仪式的步骤：新人在敬茶时须在长辈前跪下（新娘如有身孕可免）。新郎的位置应该在新娘的右边，男亲友会面向新郎，女亲友则面向新娘。此时大妗姐会安排两到三位姐妹在仪式期间协助：一位负责提着放有茶具和礼物的盘子，一位负责递茶，一位则帮忙为茶壶添茶。

④ 一切准备就绪之后，大妗姐会按亲人辈分先后敬茶，大多从新人的父母开始，接着到祖父母、娘家舅舅舅妈、伯父伯娘、

叔父叔母、姨妈姨夫、哥哥姐姐、堂兄堂姐、表哥表姐。

（注：娘家舅舅安排在祖父母后面喝茶，主要表示尊敬娘家人，俗话说：娘亲舅大。）

⑤新人敬茶时必须双手上茶，并称呼对方正式的称谓，例如：父亲，请喝茶。

⑥此时，是大妗姐主持营造喜庆气氛的时刻，大妗姐会不断地说祝福吉祥语，也会指导长辈喝茶之后，送祝福给新郎新娘，同时给新人送上利是或金器，作为对新人的祝贺。所有亲人都喝过茶后，大妗姐会宣布礼成。

（六）三朝回门

按照中国婚俗礼仪的传统，结婚三天新娘便要新郎陪同一起带很多礼物回娘家。三朝回门指在婚后第三天，人们也称为"归宁"。"回"是中国民间的一种礼节，新娘的家长非常重视三天回门的礼仪，是娘家人的一件大事，因此新人三朝回门，要在礼品上做好准备，新女婿要给岳父岳母留下好印象。

①回门礼品要提前准备好，礼物一定是新娘家长喜欢的东西。

②回娘家的时间最好是十点之前到达。

③新郎新娘进门首先要叫爸妈，向老人问候，对待亲友和邻居也应表现出亲切热忱。

④在全家就餐时，新娘要和新郎坐在一侧，给大家祝酒，感谢大家对自己新婚的祝福。

⑤饭后不要急于回家，要陪父母多聊一会儿或者同家人搞一些娱乐活动，下午四点钟左右在太阳下山前迎着太阳回家，同时还要邀请老人和兄弟姐妹到自己家里做客。

现如今，有很多人在娘家举办的归宁宴，规模跟男家的婚宴差不多。需要提醒大家的是：如果在娘家举办归宁宴，新娘切忌穿在男家婚宴上穿过的裙褂和主婚纱，裙褂和主婚纱只能穿一次，归宁宴只穿小纱和红色的礼服。

三朝回门礼品清单（需要简单的可以只作参考）：

①金猪一只，即烧乳猪（女家要将金猪分为三段，头跟尾要让女儿女婿带回去），寓意有头有尾。

②烧酒四支（可用红酒），寓意幸福如酒，越久越醇。同时女家回礼两支。

③活鸡一对，一公一母（可用利是代替），此为带路鸡，女家不可收下，新娘新郎回男家时要带回男家。

④生果两篮（生生猛猛，生意兴隆），女家收下一篮。

⑤生菜若干，寓意生财有道。

⑥猪肉二斤或四斤，切两块双飞，女家蒸熟一块用来拜祖。

⑦伊面两盒（夫妻百年好合，长长久久），女家煮一盒给女儿女婿吃，女家回礼一盒。

⑧竹蔗两支（甜甜蜜蜜，节节高），两支都回给男家。

⑨西饼两盒，孝敬岳父母的礼品。

二、现代婚礼习俗各个礼节所需礼品清单汇总

（一）习俗喜品必需清单

喜品已包括男家女家，按清单要求提前筹备：

①红伞一把，新娘出阁撑红伞，寓意鸿运当头。

②敬茶茶具（两家各备一套），改口茶具、给长辈奉感恩茶用。

③上头套装（男、女各一套），上头成人礼用。

④跪恩垫各一套（有身孕可免），跪恩父母。

⑤（男家）安床摆品：裸体有趣的瓷娃娃公仔两个四个都行，筷子一把（十双），喜八果：红枣、花生、桂圆、莲子、百合、红豆、绿豆、糖果，寓意百子千孙，开枝散叶。

⑥（男家）红色长明灯囍一对，结婚囍龙凤烛大的一对。（增加喜庆气氛）

⑦墙上门上贴的大小红双喜、灯笼，彩色拉条、气球等。

⑧大、中、小利是封（两家用的）。

⑨橘子、苹果、柚子、火龙果、石榴（柚子最少两个，其他最少各六个），寓意大吉大利、平平安安、多子多福。

⑩ 红头绳、双面胶、透明胶（各适量）。

⑪ 红纸（男家女家各两张）。

⑫ 两家煲汤圆糖水的材料：红枣、花生、桂圆、莲子、百合、有馅汤圆（适量，摆冰箱急冻待用），寓意早生贵子、百年好合、甜甜蜜蜜。

⑬ 两家尽量在过大礼和正婚礼前备些发糕、圆煎堆，这些传统糕点寓意发财步步高，煎堆圆碌碌金银财宝堆满屋。

（二）新娘习俗嫁妆清单（可只作参考）

每一件喜品都有其美好的寓意：

① 红色拖箱（一个或两个都行）。

② 钱包（新郎），寓意进财。

③ 皮带（新郎），寓意腰缠万贯。

④ 红盆（一大一细），寓意喜事连连，有大有小。

⑤ 筷子、碗（套装一套），寓意快生贵子，添人进口。

⑥ 红胶桶（两只），寓意共同生活，天长地久。

⑦ 片糖（六片一包），寓意六六大顺，甜甜蜜蜜。

⑧ 棉被加被套（一床），寓意相亲相爱，幸福一辈子。

⑨ 枕头（一对），寓意千年修得共枕眠。

⑩ 两套新睡衣、两对新拖鞋（新郎新娘各一套，新郎的那套买好之后放在男家，上头仪式的时候要穿），寓意全新的人生，

互相互助，同心同德。

⑪ 扁柏叶、柚子叶及利是，寓意趋吉避凶。

（三）添丁发财盆（女家必备）

这是女家在婚礼前一晚要准备好的"添丁发财盆"：

① 一个红色盆。

② 盆底铺米（两斤）。

③ 放生姜（三斤八两）。

④ 放煮熟的鸡蛋十二只（用红纸染红）。

⑤ 放扁柏叶两枝。

⑥ 放红包两封。

⑦ 放小的红双喜两个或手撒双喜若干。

婚礼前一天整理好后跟新娘的习俗嫁妆放一起，新娘出嫁时带过去婆家，寓意添丁又发财。

（四）过大礼清单

此清单为"六礼"中的"纳征"礼书和礼品。一是表示男家的诚意，二是作为对女方家庭失去劳力的一个补偿，三是作为对女方父母的赡养费。这就是过大礼的实质，所以数目不但要吉利，不可以寒酸，当然也要量力而行。时间一般选择婚礼前三十天至三十五天过礼为宜。

1. 清单

① 礼金：（用带双喜的贴盒装好）丰俭由人，最重要的是能表示男家感谢女方家长对女儿的养育之恩（之前可与女家商定数额）。

② 礼饼：一担（之前与女方家商定数量）。

③ 海味：分四式，数量丰俭由人，通常每款分作四包，不论斤数。除发菜（谐音：发财）不可缺外，其他可选的物品包括：鲍鱼、蚝豉、元贝、冬菇、海参、鱿鱼、虾米、鱼翅及鱼肚等。

④ 三牲：鸡两对，两雄两雌。另猪肉三至五斤，起双飞（即一片相连开二）。

⑤ 鱼：四条大鱼或鲮鱼，取其意有腥（声）气。

⑥ 椰子：两对，取其意有爷有子。

⑦ 酒：洋酒或米酒共四支。

⑧ 喜八果：红枣、连壳花生、桂圆干、红莲子、干百合、红豆、绿豆、喜糖（寓意：早生贵子、百年好合、甜甜蜜蜜）。

⑨ 生果篮：两个，取其生生猛猛之意。

⑩ 茶叶、芝麻：各两份，有祝愿种植不移之子，暗喻女子一经缔结婚约，绝无反悔，即油麻茶礼。

⑪ 全盒（俗称全福盒）：两个，内装莲子、百合、扁柏叶、芙蓉叶、槟榔两对、芝麻、红豆、绿豆、红枣、龙眼干，另还有红头绳。

⑫ 精装喜事对联两对（男家女家各一对）。

⑬ 精装龙凤烛两对（男家女家各一对）。

2. 女家回过大礼礼品

① 回男家送过来的礼物一半或若干。

② 回聘金（可回吉利数，如六六六，八八八，九九九，也可在礼金中抽一百或一千或一万回男家，意为我家闺女是万中挑一）。

③ 女家预先备好的：莲藕两条（天成佳偶），芋头两个（白头偕老），石榴两个或六个（多子多福），龙凤礼饼两盒（龙凤呈祥），扁柏叶一把（驱邪避凶），生姜两斤（添丁发财），女婿的长裤一条（长命富贵）。

④ 煎堆、松糕：寓意大发。

3. 注意事项：

① 所有礼金、礼饼、礼品等数量一定要双数，寓意成双成对。

② 新娘不可进食所有过大礼的喜饼及西饼，因进食便有食自己福分的意思。

（五）新娘三朝回门（归宁）

三朝回门是古时流传下来的汉族婚姻礼俗，又可称为归宁，

是指新婚夫妻在结婚的第三天，携礼前往女方家里省亲、探访，女方家人此时亦须准备宴客（通常于中午，称作归宁宴或请女婿）。三朝回门时，要给岳父岳母留下好印象，男方家要准备礼物，除了小件之外，还要奉上一只大金猪。女家收到金猪后即分予亲戚朋友、街坊邻里享用，表示自家女儿不辱门楣，寻得了良婿，所以三朝回门习俗是很重要的一个环节。

1. 清单（可全单照做，也可只作参考）

① 金猪一只（女家要将金猪分为三段，头跟尾要让女儿女婿带回去），寓意有头有尾。

② 烧酒四支（可用红酒），寓意幸福如酒，越久越醇。回男家两支。

③ 活鸡一对，一公一母（可用利是代替），此为带路鸡，女家不可收下。

④ 生果两篮（生生猛猛，生意兴隆），回一篮给男家。

⑤ 生菜若干（生财有道）。

⑥ 猪肉两块，每块两斤，切双飞（女家蒸熟一块用来拜祖）。

⑦ 伊面两盒（夫妻百年好合，长长久久），女家煮一盒给女儿女婿吃，寓意长长久久。

⑧ 竹蔗两支（甜甜蜜蜜，节节高），两条都回男家，寓意新郎新娘甜甜蜜蜜长长久久。

⑨ 西饼两盒（孝敬岳父母），女家收下。

（活鸡：一公一母，女家不可以收受，因为是带路鸡，新郎新娘回男家时要带回男家）

2. 新娘三朝回门女家回礼

① 金猪分三份，留下中间部分，一头一尾给女儿女婿带回。

② 一公一母活鸡带回（如果利是代替，利是不用带回）。

③ 生果一篮或两篮，女家收一半。

④ 女儿女婿各封两个红包让他们顺顺利利回去。

⑤ 太阳下山之前，女儿女婿要带着回礼回到男家（这是古时的做法），而现今盛行"归宁宴"，即女方家没有跟男方家一起举行联婚宴，大多会在女儿女婿回门的时候举行"归宁宴"宴请女方家的亲友，这个大家可选择适合自己的去做。

3. 温馨提示

① 婚礼的整个过程中会用到很多红包利是，所以要特别注意，派发的红包利是切忌空的，不吉利，里面一定要放钱，多少随意。

② 新娘出阁，从娘家门出来后不能回头张望，在新娘后面跟随的人员一定要注意，不能在新娘背后叫她的名字，主要是避免新娘回头不吉利。

③ 新老爷新奶奶在新娘子进门时要稍作回避，以免相冲，等新娘进入新房后方可以见面。

④ 准备一双新娘子穿的厚底舒适鞋，婚礼晚宴新娘子迎宾的时候穿，迎宾时久站不能穿高跟鞋。化妆间放一双拖鞋换妆休息时备用。

三、婚礼前期的准备工作

筹备婚礼是有很多事情要做的，准新人及家人往往不知道该如何着手准备。以下就是翠萍为准新人们罗列的婚礼前期准备事项的清单，只要按照清单一步一步去准备，你的婚礼就一定会顺利圆满。

（一）结婚前六个月

1. 择定结婚吉日

择吉日，只要双方达成共识，合意就好。

2. 确定婚礼形式

选定一家婚庆公司，主要是根据两位准新人的喜好，与婚礼策划师去沟通商定。

3. 商定婚礼预算

最重要是看菜吃饭，量体裁衣，按家里的经济条件来预算。

4. 领取结婚证

婚礼前先去民政局领取结婚证，成为合法夫妻举行婚礼。

5. 装修婚房

这时候要紧锣密鼓地准备好结婚用的房子。

6. 准备婚礼服装

这是不能拖的事项，因为不是一次就能搞好的，所以要尽快去准备。

（二）婚礼前三个月

1. 预定婚礼酒店

按家庭的经济情况而做预算，订好婚宴酒席。

2. 拍摄婚纱照

两位准新人商定婚纱照的风格，尽早完成。

3. 选定大妗姐、主持人、化妆师和摄影摄像师

（1）这时候要选定一位大妗姐了，因为婚礼前后有很多传统习俗是需要大妗姐指导的，比如购买传统习俗喜品和环境布置喜品，还有过大礼的流程和礼品，等等。如果有一位专业的婚嫁习俗大妗姐来指导，就会轻松而顺利，也不会因乱买东西而浪费。

（2）选定婚宴主持人，提前预定，因为主持人要花时间跟新人去沟通，充分了解新人的故事，婚宴的主持才会更精彩。

（3）选定新人化妆师，提前让化妆师帮新娘试妆，定好每套礼服的妆容。

（4）选定摄影摄像师，现在的摄影摄像师拍的片子都很不错，一般按自己喜欢的风格去选择就好。

（三）婚礼前一个月

1. 确定婚宴的主题

跟婚礼策划师沟通好想要的主题婚礼，定好方案。

2. 预约接亲婚车

可以用自家车和亲戚朋友的车，或租专业的婚礼接亲车，但

一定要提前确定下来。

3. 草拟宾客名单

开始罗列宾客名单，填写请柬、派发请柬。

4. 采购回来的婚礼喜品查缺补漏

前文讲过要选定一位大妗姐，在大妗姐的指导下把习俗用品购买回来，再检查是否购买妥当，如有漏下的抓紧时间补回来。

5. 制作婚礼视频

婚礼视频是在婚礼仪式上播放的，根据自己的喜好，如果有需要就抓紧时间制作。

（四）婚礼前半个月

1. 男家给女家过大礼

这是现代婚前的第一礼，理应隆重一点，可是现在的人都很忙很累，凡事能简单就简单，所以只要两家沟通好，达成共识，就可繁简随意，但礼仪不可无，选一个吉祥的日子或者选一个假期的日子，高高兴兴地把礼品给女家送过去。若需要隆重的礼数，具体做法大妗姐会指导。若需要大妗姐出面，提前与大妗姐

沟通档期，也可以找家族中懂礼数的长辈指导带领。

2. 试穿结婚礼服

抓紧时间试穿礼服，如果礼服不合身要及时修改，不舒服的礼服会影响婚礼的效果。

3. 催婚庆公司编排婚礼流程

婚庆公司接的婚礼很多，有可能因为太忙婚礼流程迟迟没编排，所以这个时候就必须催一下，婚礼流程出来了，大家才好按流程办事。

4. 试妆、试鞋、试菜

准新娘约化妆师试妆；婚鞋买回来要试一试，最好想办法软化一下，以免婚礼穿的时候磨脚；记得到订好的酒店里试菜。

5. 确定宾客人数

这时候要确定两家的来宾人数了。

6. 安排婚宴座席

安排婚宴座席是有规矩的，联婚的话通常是按站在舞台面向宾客的左边为男家坐席，右边为女家的坐席，男左女右。不是联

婚的话就按新郎父亲家人坐左边，新郎母亲的家人坐右边。

（五）婚礼前一周

1. 安排工作人员

如果不是租赁的婚车，就要确定好开主婚车的人选，还有整个车队的司机。也要确定伴郎团和伴娘团的人选，家里需要亲戚朋友帮助做杂事的，此时也要通知到位。

2. 准新娘美容美体准备

这一周要好好修饰自己，美容、美体、美甲，都要花时间，为了婚礼当日光彩夺目，美丽动人。

3. 熟悉婚礼流程

要反复看婚庆公司编排的流程，发现问题及时与策划师沟通，还有大妗姐的传统习俗流程也要看清楚，有问题及时沟通。

4. 早睡早起养好精神

这一周尽量早点睡觉，特别是新娘子不能熬夜，还要吃得营养均衡，汤水要足，千万不要吃煎炸热气食品，以防爆痘。

5. 不要更换护肤品

这时候护肤品就不要随意更换了，万一皮肤过敏了或出现其他症状就非常地糟糕。

（六）婚礼前一天需要做的事情

对于喜主一家来说，筹备了几个月甚至一年半载的婚礼，就要在第二天举行了，这个时候，如果没有专业人士或有经验的人来指导喜主的话，可能喜主一家会出现情绪紧张、手忙脚乱的状况。婚礼前一天的准备工作非常重要，是第二天婚礼效果的关键，那么，婚礼前一天我们究竟需要准备什么？做些什么呢？来，翠萍给大家梳理一下吧。

1. 首先要跟婚庆公司确定细节

由于婚庆公司承接的婚礼很多，容易出现记忆偏差，或细节准备不当的问题，所以婚礼前一天，务必联系婚庆公司，与策划师敲定好整个婚礼流程的时间，确保无误。

2. 跟进婚礼四大金刚

提前联系婚礼工作人员——化妆师、摄影师、摄像师和晚宴仪式主持人（四大金刚），敲定婚礼当天的抵达时间、拍摄的流

程和细节方案，提早沟通需求和想法。

3. 跟进兄弟团与姐妹团

确定兄弟团和姐妹团的人数，确定伴郎伴娘的人选，并通知每个兄弟姐妹的就位时间。兄弟姐妹们分别到达男家和女家后，新郎、新娘分别与兄弟团、姐妹团沟通流程和细节，确定接亲路线，同时确定兄弟姐妹们的服装已到位。

4. 跟进接亲车队

确定接亲花车的车辆，装饰花车的时间，提前与婚车车队沟通，安排司机熟知行程路线，不要掉队，沟通婚车抵达时间、车辆到位及出发接亲的时间。

5. 确定婚纱礼服

新郎、新娘的礼服一定要最后试穿一下，看看是否需要调整尺寸。

6. 检查婚礼饰物

结婚的对戒、钻戒、婚礼佩戴的金银首饰做好最后的确认，确保物品齐全，摆放整齐。

7. 与证婚人沟通

确定证婚人，并与证婚人和长辈沟通致辞流程与细节，大致了解致辞内容。另外，两位新人要准备好一份能表达自己心声的誓词稿。

8. 检查伴手礼

伴手礼有两种：一种是晚宴桌上每人一份，一种是新娘表达对姐妹们的谢意。

9. 检查红包和纸币是否够用

大、中、小号红包尽量提前购买，各种面值的新纸币也要提前去银行兑换，婚礼前一天就要将红包准备好，不同面值的纸币对应放于大小红包之中，方便发放。新郎尽可能跟新娘沟通好红包的总数要多少，姐妹们心里有个数，玩得开心又不拖延时间。

10. 喜烟、喜酒、喜糖

准备好充足的喜烟、喜酒、喜糖，再核实确定一下数量，看看是否足够，及时补充购买。

另外要专门为新人准备一份零食，如巧克力、面包、水果等，方便新人在婚礼的时候补充能量，最好在零食包里放些吸

管，方便新娘子喝水时使用。

11. 两家的环境布置

婚礼前一天，男女双方家中都必须布置，营造喜庆气氛，挂灯笼、贴对联、贴双喜、拉花彩带，泵气球。

注意不要用黑色的气球套进红色气球里面泵，时间长了或被太阳一晒，整个气球就会变黑色。大红双喜尽量不要买绒质的双喜帖，因为不受沾，容易掉。

12. 桌上要摆干果、喜糖、茶点

家里环境布置好后，用预先买好的红色果盘，为宾客准备好干果、喜糖和茶点，供亲友食用，桌上除了摆放茶点外，建议可以用四个同款的容器装上红枣、花生、桂圆、莲子，寓意"早生贵子"，好看又有好寓意。

13. 婚礼前的安床仪式和上头仪式

男家新房和新床是由大妗姐来铺排执行的，婚房的安床摆设不能乱来，要把新床安置正位，忌与带镜子的桌子衣橱或任何尖角相对等等。一定要由懂风水、懂忌讳的大妗姐或好命婆来执行。

传统的上头成人礼仪式，也必须是由好命有福气的人来执行完成，男先女后，不能搞乱顺序。大妗姐通常都是好命又够专

业，当然喜主长辈也可以跟大妗姐合作完成。

14.贵重物品的保管

婚礼时，新郎和新娘都会收到亲友及长辈的金器礼物和红包，还有自己的手机、包包等，所以必须提前指定一位亲友负责帮忙看管新人的贵重物品。

忙了一整天，把以上的事情都做好后，时候肯定也不早了。作为新娘，第二天要神采奕奕，光彩夺目，一定要早休息，睡前喝杯温牛奶有助睡眠，可以的话在枕头上洒点熏衣草精油，会更快进入甜美的梦乡。对了，喝完牛奶后别忘了敷一片保湿面膜，为第二天的彩妆打好基础。

（七）婚礼当天如何应对

婚礼吉日一大早，预约的化妆师会准时按响门铃，婚礼如期而至。作为新郎新娘，一种兴奋、激动、紧张的情绪会随之而来。新人如何能以一种淡定自如的姿态去面对婚礼当中的各类事项呢？

1.好好吃个早餐放松心情

期盼已久的婚礼来了，该准备的都已经准备好了，该做的一切都已经做了。作为新人的你们，到了此刻就尽情地去感受对方

的美好吧，其他所有的细枝末节都并不那么重要，放心地交给别人去做吧，今天就把你们最好的形象展示给你们最爱的人吧，好好享受家人给你们的爱，享受兄弟姐妹、朋友和工作人员对你们的祝福吧。

2.能坐不站节省体力

婚礼这一整天，新人从穿戴打扮到款待宾客的时间要十多个小时。在这漫长的一天里，新人大多数时间都要以精神饱满的状态，四处走动寒暄。这对两人的体力是一个考验。因此，新人要特别注意善待自己，有机会就吃点零食喝口水，不要放过每个可以坐一坐的机会。只有保持足够的体力，才能有足够的精神去控制兴奋、紧张和激动。

婚宴过程很繁忙，会见到很多好久不见的亲友，这时，新人不必介意对亲友招呼不周而感到愧疚，因为此时所有人都会理解你们，你们只需要一直笑一直笑，按婚礼的流程去做就对了。全场敬酒的时候，第一轮需要较快的速度，以保证敬完每一桌的宾客，第二轮喜主一家再分别向各自重要的宾客敬酒。注意，尽量不要喝真酒，大家一般也不会勉强新人喝酒。

四、婚礼的注意事项和禁忌

结婚是人生头等的大喜事，大家都希望自己的婚礼是吉祥如意的。但是举办一场婚礼有太多的传统习俗和礼数，要想圆圆满满还真的没那么容易。

生活中，我们经常会听到人们说：百无禁忌，不用那么讲究。其实是因为不懂讲究才说不讲究的。古人给我们留下许许多多的禁忌和规矩，俗话说：无规矩不成方圆。婚礼的各种禁忌和规矩都是值得推敲的，所以才从古延续至今。虽然说新时代一切从简也可以，但作为中华儿女，传统的习俗禁忌还是要懂一些的。

翠萍在这里就跟大家讲一讲举办婚礼该讲究的一些禁忌和规矩，为了婚礼的顺利圆满，我们都应该好好了解一下。

（一）避免喜冲喜

一种是孕妇禁忌。生活中，我们经常可以看到很多大腹便便的孕妇参加婚礼，有的甚至还说是来沾沾喜气。这是因为她们自己和长辈都不懂孕妇不宜参加婚礼的规矩，孕妇本来就有喜，来参加喜事就是"喜冲喜"，这是大忌。古代的婚书中都会注明：

妊娠之妇避开大吉、新人规避四眼之类的话，特别提示有身孕的妇女不得参加婚礼。

大家都知道婚礼是热闹之地，我们不说古人的规劝，就说孕妇参加婚礼若一不小心被撞到，后果不堪设想。所以我们大家必须遵守这个规矩。

还有一种"喜冲喜"是要规避的，就是一年之内，同一个家庭不宜举办两次婚礼，容易犯冲，导致一生不顺利和不吉利。比如说：亲兄弟不能在同年结婚，同年结婚就犯了"同年不娶二媳"的忌讳，寓意是二婚，据说还会相克，先结婚的会克后结婚的，尤其是在生孩子方面，容易导致后结婚的人不易怀上孩子，就算怀上了也容易保不住。而姐妹如果同一年结婚，就犯了"同年不嫁二女"的忌讳，寓意是再嫁。那么同一个家庭的兄弟姐妹着急嫁娶，怎样安排最合适呢？时间最好间隔一年以上，最短的时间也要前一年的年尾到新一年开端的一百天。谨记必须是先嫁后娶！

（二）避免喜冲丧

探病禁忌：家里喜事在即，切忌探病问丧。已定婚期，前后三个月之内不宜去探病更不能参加亲友的丧葬礼，以免招来不吉祥。

（三）避免丧冲喜

热丧之人禁忌：直系亲属去世没过百日的孝服在身之人，因为戴孝不吉利，若去参加婚礼会把晦气带给新人，这叫"丧冲喜"。戴孝之人去参加喜庆的婚礼，是对逝者的不敬，请谨记。还有，若家中在已定婚期的同年，有直系亲属去世，这一整年建议取消婚礼。

（四）避免邪气冲喜

久病大病初愈之人禁忌：久病大病初愈者必定阳气不足，古人云：阳气不足邪气易附，此时去参加婚礼对喜主不利。况且久病初愈需要静养，不适合大喜或大悲。

谨记！

（五）切忌二次上香

上香禁忌：很多传统家庭在嫁女娶媳之时都会在祖先或神灵供桌前告祭上香，这时要注意上香时不要将香头插歪，假如歪了，也不要将香拔出、再插一次，因为二次上香有再婚的意思，对于初婚的新人来说是不吉利的。

（六）忌准新郎独睡婚房

新房禁忌：这个问题若请了大妗姐就不用担心，因为大妗姐会提醒的。新婚的床至少在婚礼的前一晚就会被懂礼数、有福气的人安置一新，婚礼前夕切忌准新郎一个人独睡新床，因为这样有婚后孤独的寓意，非常不吉利。如果新郎实在没有其他地方可以休息的话，可找一位大生肖及未成年的男童陪睡，如生肖龙者即可。还有，婚礼前一晚新房和新床安置好后，切忌丧偶或离异的人进入新房。最好闲杂人等都不要好奇随意进入新房，等第二天新媳妇回来后就可进入观赏。

（七）忌孕妇送亲

送嫁禁忌：成亲之日，新娘出阁的时候，孕妇是不能相送的，因为古时人们认为孕妇象征着血光，孕妇送亲会为新人带来血光之灾，所以在新娘出阁的时候，孕妇应该要回避。

（八）新娘出阁忌回头

新娘出门禁忌：这里要着重讲一下，有些地方流行当天回门，如果是把新媳妇接回到婆家，拜了天地，给婆家的长辈敬过茶之后立即回门的话是可以的。但广东有些小众习俗是这样的：新娘出阁后上车坐一下，甚至有些是还没上车，见到青叶就马上

回门的习俗，完全没有遵循新娘出娘家门后直到男家之前不能回头的传统习俗。新娘出门又立即回门的习俗不建议沿用，因为新娘还没过男家门，意义上还不是男家的媳妇，这就谈不上新媳妇回门了，而新娘子出阁回头望是不吉利的，回头望就意味着将来在婆家过得不顺，终究要回来的。一辈子就结一次婚，建议大家不要太随意。

（九）接亲路线的忌讳

接亲路线禁忌：结婚是大喜事，接新娘的时候忌讳行经煞气重的地方，如医院、监狱、事故多发地段、建筑施工地、凶宅之地，还有路名不吉利的地方，等等。建议在喜事之日，佩放本命佛在身上，阻挡煞气。

（十）婚礼晚宴新人忌说"再见"

晚宴结束送客禁忌：当婚礼结束亲友离去时，新人与亲友都不可以说"再见"。因为"再见"二字有分手与离别的含义，对新婚夫妇来说，此寓意非常不吉利。所以新人在送宾客时，应该以点头示意，或挥手送别即可。

（十一）新婚未满月新娘忌串门

新婚拜访禁忌：新娘蜜月里不能到亲友家串门，这一禁忌是

自古流传下来的。据说主要是因为新婚里的新娘聚集天地灵气，能量较大，容易冲到别人，一般人对蜜月里的新娘都有忌讳心理，认为不太吉利，这种气场会持续到一月之后方能消除，所以新娘子蜜月里不可串门拜访，尤其是一些有老弱病残在家的亲友家更不能去。谨记！

（十二）禁忌婚后三日内留宿娘家

回门禁忌：在中华传统习俗中，婚后第三天新郎会陪妻子一起回娘家，这叫"回门"也叫"归宁"。这时需要注意"回门"当天必须在日落之前赶回夫家，忌夫妻一起留宿娘家，万一因特殊原因回不了家，夫妻俩也应分开睡，将不祥的感觉尽量化解。

（十三）传统新娘礼服是大红色

礼服禁忌：自古以来女子出嫁都有穿红礼服的习俗，在过去人们经济条件不好的年代，女孩出嫁也尽量会做一身红色的衣服穿，红色代表着喜庆、热闹与祥和。而现在，很多女孩出嫁都喜欢穿白色的婚纱，这个其实也没有规定不可以，只是建议不要在早上新娘出阁的时候穿，一是早上接亲是中国的传统习俗，二是上下车不方便，三是穿着婚纱进门跨火盆、拜祖、给长辈敬茶都不方便。

（十四）结婚当天新娘禁忌扇扇子

扇子禁忌：在结婚当天，无论是新郎还是新娘切记不能扇扇子，因为"扇"和"散"是谐音，有散伙的意思，结婚本是长长久久一辈子的事情，所以在结婚当天，即使天气再热也不能拿着扇子扇风。

（十五）新娘出阁忌姑嫂送嫁

姑嫂禁忌：女孩出嫁当天，所有的亲朋好友都可以送新娘子出门，但是新娘子的姑嫂就要回避，因为"姑"与"孤"同音，"嫂"与"扫"同音。因此在新婚当天新娘的姑嫂要回避，不管是真是假，古代流传至今都应该遵从一下。

（十六）新娘过门习俗与禁忌：

过门禁忌：迎娶新娘到夫家之后，在进门之时要特别注意，一定要抬脚跨门槛，不可脚踩门槛，以免不吉利。另外，新娘进门按传统习俗是要跨过火盆才可以进门的，跨火盆的寓意是趋吉避凶，日后家庭红红火火兴兴旺旺。但现今有很多家庭不主张跨火盆，一来怕不安全，二来怕麻烦，主要还是没重视跨火盆的重要意义。翠萍建议怕不安全的人可以用小一点的盆，裁一点红纸放盆里点火，火苗很小，新娘子很方便跨过，特别安全。

另外还有，新娘当天穿的礼服是不宜有口袋的，据说以免新娘出嫁时带走娘家的财运。

（十七）主礼服忌穿两次

礼服禁忌：新人的礼服、主婚纱只能穿一次，若再穿的话有再婚的寓意，不吉利。基于现在的年轻人婚礼前为婚纱和礼服花费不少心机，很多新娘由于不懂传统习俗的禁忌，一般都会在回门宴时再穿一次，即使有人告知说这样不好，但还是因为觉得礼服漂亮，又花了这么多钱，这种心情其实是可以理解的。但是，我们每个人都希望自己的婚姻从一而终，白头偕老，这就是古人认为二次穿结婚礼服会有违我们的初衷，才有的禁忌。

结婚是人生的大喜事，也是人一生最重要的事情，不但要准备很多东西，还要遵守当地的习俗和禁忌，如若不小心犯了忌讳，就怕会不吉利"触霉头"，虽然有些说法和做法也无科学依据，甚至觉得可笑，但传统习俗不可忽视，毕竟一生人才结一次婚，就算是复杂一点也是值得的。

第六章

"婚姻经营之道"经典语录

家庭，是婚姻的根基，是幸福的港湾，是人生当中最重要的一个地方，人生有过半的时间要在家庭中度过，好的家庭气氛就是婚姻的养分。家庭是由父母、夫妻、子女所组成，其中夫妻的责任重大：上有老，下有小。而幸福的家庭往往就是老少齐全，和睦相处的。

高质量的婚姻状态会使人愉悦，而让人感觉舒服的婚姻一定是有爱的。所以，在这里我给各位一个忠告：如果你想拥有幸福的婚姻，一定要付出真心，相信爱情。

有人说，爱情是有保质期的。我说，有保质期的不叫爱情，那叫激情，激情夹杂的东西太多，性欲、感动、内疚、憧憬，有太多太多的杂质，这样的情感确实难以持久。何况，激情往往是精心呵护起来的，一旦丢失了精心呵护的动力，就觉得生活毫无生气和意义。

中华几千年来，秉承着以和为贵，家和万事兴的美德，使我们国家成为泱泱礼仪大国。因此，我们作为华夏子孙要谨记经营好自己的婚姻、家庭，就是对社会作贡献。

以下是经营幸福婚姻家庭的语录：

1. 夫妻同心，其利断金；夫妻同心，门口黄土变成金。放大快乐，缩小不愉快，肆意放大幸福指数。

2. 留有余地，难得糊涂，绝不背叛。

3. 把欣赏对方由理智变成习惯，由习惯变成自然，到最后你要是不夸对方几句，你自己都特别不适应。

4. 夫妻相处千万别计较谁输谁赢，非要争个高低，最后赔上的肯定是感情。

5. 夫妻间要多些尊重，多些包容。夫妻相处不是东风压倒西风的征服，而是彼此相互磨合，达成一种默契，遇到问题彼此退一步，相互让一下。

6. 信任是经营婚姻中最需要的一种能力，相互信任相互尊重的夫妻婚姻必定会长久。

7. 什么样的夫妻最幸福？一句话，知道自己幸福的夫妻最幸福。身在福中而知福，因为知福才能享福，知福才是有福人。所以，不要放过生活中每一个简单的细节，不要无视婚姻中每一次平凡的感动，做身在福中而知福的人。

8. 尊重和自由是处理婚姻关系的最基本要则，不管夫妻间的爱有多深都不要忽视这两大原则，否则再深的爱也会消耗贻尽，没有尊重就没有爱，没有自由就没有爱，要想让婚姻长久，我们

必须守住这两条基本的底线。

9. 当婚姻出现问题，我们首先要做的事是放弃战争，当然也不奢求马上回归甜蜜，而是要彼此静下心来好好想一想。没有思考就没有行动，也就不可能找到解决具体问题的钥匙。因为自己想要的东西和婚姻的细节永远只有自己最清楚，解决问题的钥匙最终是握在自己手中，解铃还须系铃人。

10. 沟通是解决婚姻问题的第一把钥匙，也是最重要的钥匙之一，沟通可以解决大多数婚姻问题。

11. 忠诚是婚姻关系的底线，一旦冲破，就有可能打翻婚姻这条船，伤着爱人，伤着儿女，伤着亲人。虽然很多人都明白这个道理，但是这个世界有太多的诱惑，重要的是做到清醒心智，要学会反思自己，让自己成熟。

12. 婚姻必须切实平淡似细水长流，平淡才能长久，细水才能长流，但平淡不等于无味，细水不等于完全波澜不惊，否则就是走入婚姻的另一个极端，也是婚姻的另一个死角，淡而无味毫无新鲜感才是婚姻的致命伤。

13. 结婚后夫妻最大也是最重要的变化就是夫妻不再相互欣赏。具体地说就是，无视对方的优点，没有赞美，没有表扬，更多的是挖苦和讽刺，无视对方为自己所做的一切，认为一切都是理所当然，没有发自内心的感恩。

14. 夫妻不要滥用对方给自己的宽容和自由权力。夫妻双方

当然有各自的生活圈子和交往的自由，但一定要知道在你享受这种自由和宽松氛围的同时，不要忘了考虑一下对方的感受。对方给自己以信任，要对得起对方的信任；对方给自己以宽容，要对得起对方的宽容；对方给自己自由的空间，更要对得起这种自由。

15. 幸福的前提与基础当然是爱与忠诚，而最终能否真正获得幸福则取决于夫妻之间良好的情感习惯。所以说，好习惯成就幸福婚姻。

16. 世界那么大，爱上一个人那么容易，被爱也那么容易。但是要互爱，竟这么难！当自己最爱的人和最爱自己的人是同一个人的时候，那么你就是世界上最幸福的人，请好好珍惜。

17. 相爱是一门艺术，爱是两个人一起成长，这就必须有交流，有交流才有了解，有了解才有更深的爱。交流必然会有争执的可能，但这不是坏事，暴露矛盾相比掩盖矛盾来说最终更有利于婚姻和谐，沉默不是解决问题，而只是隐瞒和回避问题。

18. 当我们怨天尤人抱怨婚姻的乏味或不幸时，其实我们都在犯着同一个致命的错误，那就是：我们将婚姻不幸的根源指向婚姻本身而非我们自己，这真是一个天大的误区，也是我们的可悲之处。是谁制造了不幸的婚姻？是我们自己。幸与不幸，全在自己。

19. 爱情不是等你有空才去珍惜的，相遇，就是缘分，为

了这个缘分，就要努力去适应对方，爱是要有责任心和坚定意志的。

20. 夫妻间彼此相爱着，彼此忠诚着，这是最基本的要求，当然首先必须做到，但婚姻质量的高低更多地体现在生活的细节上。细节问题解决起来并不难，关键是不要视而不见，更不要见而不管。

21. 没有绝对正确的婚姻保鲜高招，没有对所有婚姻都管用的灵丹妙药。婚姻是否有活力，能否保鲜，最关键的不是寻求这些保鲜招数，而是心里常有这根弦。心中有了这根弦，你就会想出适合你自己婚姻的保鲜招数，夫妻就能常爱常新。

22. 幸福的前提与基础当然是爱与忠诚，而最终能否真正获得幸福则取决于夫妻之间良好的情感习惯。所以说，好习惯成就幸福婚姻。

23. 没有一辈子从不吵嘴的夫妻，要切记的是，床头吵嘴床尾和，夫妻没有隔夜仇，唯如此，才能牵手到老、相约白头、恩爱一生。

24. 每一段爱情，都会从激情走向平淡。我们唯一可以做的，就是珍惜眼前的幸福。爱，不过是在繁华落尽后留在身边的那一个。

25. 夫妻吵架后切忌长时间赌气保持沉默和冷漠。有两句话可以概括沉默和冷漠的杀伤力：沉默是无形的伤害；最大的伤害

莫过于冷漠。

26. 猜忌是婚姻生活的一颗毒瘤，聪明的夫妻懂得如何一起努力去巧妙化解，被猜忌的一方要做好自己，猜忌的一方要多些信任与释然，相互理解，相互信任，相互忠诚，减少误解加强沟通，避免因为猜忌毁掉美好的感情和幸福的婚姻。

27 夫妻感情要持久，除了相互忠诚与真心这个前提外，更要牢记住两句话：恋爱可以短暂美丽如电光一闪，婚姻却必须切实平淡似细水长流。简单是最成熟的美丽，单纯是最丰富的高雅。浓缩成两个字就是：简单！

28. 婚姻破裂的两大终极原因：相拥却并不相爱。相爱却不懂相处。婚姻里，夫妻间的相处比相爱还更重要。

29. 陪你的人，因暖心而情义交换，才离不开你，懂你的人因疼惜而无可取代，才不离开。其实幸福的人不是拿到了世上最好的东西，而是珍惜了手上已经拥有的人。

30. 女人需要什么？说到底，女人除了需要基本的物质保障让生活无忧，更需要的是男人的真心真意、男人的真情真爱，还有那一份细心与关爱。细微之处见真情，爱她就行动起来贯彻到生活每一个细节中去。

31. 爱一个人，就是满心满意地要跟对方一起过日子，希望以彼此的火烬把属于两个人的一世时间填满。

32. 婚姻不幸福的根源不外乎以下两种：一是婚姻没有爱情

的基础；二是婚后不懂得经营。这道理其实谁都懂，关键是有没有认真去梳理，有没有好好去思考，有没有真正去把它落到实处。

33. 爱情婚姻不是独角戏，男人女人如果只是纯粹个人层面上的优秀并不能成就幸福婚姻的必然，无论是才子佳人式夫妻，还是相互欣赏式夫妻，其本质是一致的，那就是互解风情，懂得生活，所谓夫妻"演双簧"——没有配合不行。

34. 夫妻俩过日子要像一双筷子：一是谁也离不开谁；二是什么酸甜苦辣都能在一起尝。而且要练就成经久耐磨的象牙筷，不能是一次性的方便筷。

35. 当感情遭遇不幸婚姻出现危机，女人要慎重选择倾诉的对象，记住一句话：如果你不想有情人，尽量不要找异性倾诉。当然这只是从心理学角度对女人提出的警醒，而且也只是一种概率分析，做与不做全在你自己手中。

36. 面对病态婚姻，我们既不能意气用事，或者只图一时痛快而动不动就离婚了事，也不能一味地忍气吞声、忍辱负重让自己活在痛苦中，最好的做法就是先试着去医治修补。

37. 夫妻是否具备健康的心理状况、夫妻双方性格是否般配、是否懂得有方法地经营婚姻，这些是决定婚姻幸福美满与否的三大关键要素，缺一不可。

38. 要想男人不变心，女人首先不变"脸"。要想男人不外跑，

女人别做祥林嫂。结婚绝不是女人变"黄脸婆"和"唠叨婆"的分水岭。

39. 夫妻感情，互补是最好的，这样取长补短，共同成长。争吵中男人需要女人的理解，女人需要男人的包容。在生活中，面对意见不同产生的分歧，双方都需要注意控制好自己的情绪。别说一些难听的话。关键是在吵完架后，有一方能先说一句对不起，这是治愈你们感情的最好良药。

40. 人生很长，爱情的路也很长，珍惜，宽容，互敬互爱，才能让爱情长久。请珍惜你拥有的爱情，不要失去了才知道悔恨。不要丢掉了才知道不舍。人生没有回头路，爱情亦是。

41. 情爱淡化，性爱冷场，加上来自生活工作的疲劳与压力，内忧外患，必然产生婚外恋和离婚的后果，每对夫妻应该明确意识到这一点，加强主观能动性，不能勤于工作却懒于生活，找准"病"因并付出行动，打破不良夫妻关系的恶性循环，积极调整生活方式，寻找新的共同话题，尝试性生活新变化，克服懒散情绪，制造新的浪漫与惊喜，改善淡漠的感情，唤回夫妻激情，爱情就一定能再次升温。

42. 假如有幸找到你最爱的也是最爱你的人，这是上天对你的恩宠，莫要辜负，终其一生去好好珍惜。只有受得住各种诱惑考验和历经岁月磨砺的爱情才够得上真正的爱情，也才会如陈酒般越发醇香怡人。

43. 婚姻中付出与索取是相互的，无论是妻子还是丈夫，都要尽量避免做所谓的"奴仆"妻子或丈夫，互爱互助、互相照顾、互相关心才能携手到老。

44. 夫妻间最常被忽视的一样东西就是友情，或者说是相互间基本的尊重，它与爱情、亲情一起是维持良好夫妻关系的三个基本支点。恩爱夫妻有三情，即爱情、亲情和友情，如此，夫妻和谐，婚姻幸福。

45. 女人改造男人，男人改造女人，说到底不过是男女之间的一种磨合，并不存在真正意义上的谁改造谁的问题。如果大家都想改造对方，那就成了一场毫无结果而又永不止息的战争，想一想，爱本身就是改造，因为没有爱的改造只是徒劳，有了爱，改造就变得多此一举。

46. 爱情不必亲密无间，婚姻无须夜夜春宵。爱情必须不断添温，婚姻需要持续保鲜。没有爱情的婚姻是错误，没有婚姻的爱情是缺憾。

47. 走过爱情，走过激情，走进婚姻，走进平淡，经过七年之痒，迈过十年之坎，婚姻之路是进入死胡同还是越走越宽，全靠我们如何去呵护、如何去经营。

48. 猜忌，是婚姻最大的隐患。猜忌是婚姻生活的一颗毒瘤，聪明的夫妻懂得如何一起努力去巧妙化解，被猜忌的一方要做好自己，猜忌的一方要多些信任与释然，相互理解，相互信任，相

互忠诚，减少误解，加强沟通，避免因为猜忌毁掉了美好的感情的婚姻。

49. 夫妻感情的融洽和深化是维持家庭的关键。深深的爱情，浓浓的亲情是家庭的黏合剂，它能使一个家庭有着强大的生命力、凝聚力和影响力，它能让家变得温馨、幸福。

50. 家庭这个经需要夫妻配合，好好地念，要念好这个经，彼此必须互相尊重，互相关心，互相理解，互相支持，而理解是基础，支持是关键。

51. 家是酝酿爱与幸福的酒坊，是盛满温馨和感动等待品味的酒杯，是在疲惫时回到家后爱人真情的拥抱，是彼此相守默默注视的目光！

52. 婚姻需要相互搀扶，不要丢下谁一个人去独自前行，没有了彼此的关爱，谁也挺不过沙漠的风暴。爱情需要两个人的经营，不要自私到独自喝完了共同的甘露，没有谁能忍受一直艰苦跋涉而没粮没水的旅行。

53. 生活中，要多笑一笑，特别是面对自己的另一半，笑容是快乐的催化剂，多一些珍惜，少一些计较，生活才会越来越美好，夫妻才会越来越甜蜜。

54. 珍惜身边的人，不要争执，不要斗气，好好说话，相互理解！

55. 遇事不要急躁，不要急于下结论，尤其生气时不要做决

断，要学会换位思考，大事化小、小事化了，把复杂的事情尽量简单处理，千万不要把简单的事情复杂化。

56. 多去理解和尊重对方，常怀宽容感激之心，宽容是一种美德是一种智慧。

57. 最温暖的不是阳光，是善良的心；最美丽的不是花朵，是微笑的脸；最舒适的不是公寓，是自己的家；最美好的不是未来，是今天。眼睛是用来发现美的，不是用来挑毛病的，面对自己的爱人，多看到对方的优点，多想想对方的好处。

58. 人生最大的喜悦，就是遇见彼此同频道的那一盏明灯：

你点燃我的激情；

我点燃你的梦想；

你照亮我的前途；

我指引你走过黑暗的旅程。

你我彼此是贵人，

相互辅助，成就对方！

成为一生的灵魂伴侣。

鲜花盛开，蝴蝶自来！

后记

大妗姐的使命

中国传统婚嫁习俗，蕴含古人的智慧和情感，每一个环节礼数都有着深刻的教育意义，可以说整个婚嫁习俗的流程都是敬拜和感谢的元素：感谢天，感谢地，感谢祖先，感谢父母，感谢亲朋等等。而吉祥、祝福、孝敬感恩，是婚礼上的主旨。所以说传统的东西就是我们古人不断总结和认可，流传下来的东西，得懂、得传承。

据记载，我国古人认为黄昏是吉时，所以会在黄昏行娶妻之礼，因此夫妻结合的礼仪被称为"昏礼"，后来演化为"婚礼"。中国人喜爱红色，是因为"红"在中国人心目中就是喜庆、成功、

吉利、忠诚和兴旺发达等的象征，这是源于古代对日神的崇拜。在传统婚礼上人们张贴大红喜字，用红盖头给新娘遮脸，新娘穿的吉服是大红裙褂，新郎胸前佩戴的是大红花等等。这些红色不但给婚礼带来喜庆的气氛，同时也暗示着新婚夫妇婚后的日子会越过越红火，体现了人们祈福迎祥的文化心理，所以传统婚嫁习俗总以大红色来烘托喜庆、热烈的气氛。传统婚嫁习俗的每一项礼仪都渗透着中国人的哲学思想。

传统意义上的婚姻，并不仅仅是双方当事人的事情，而是两个家族和社会和谐的事情，其背后蕴含着对天、地、人融合的观念。婚礼请众亲友来见证新人的结合，是要证明婚姻本身的正式和庄重，体现家长在家庭中的地位，使双方家庭今后形成和谐的姻亲关系。所以，中国传统的婚礼就是通过一系列的仪式，反映婚姻的庄重，引起当事人和亲属朋友对婚姻的重视。

我认为，我们中国传统婚礼的整个过程，就是一堂家风、孝道、感恩、幸福的课程，我们每个中国人都有必要去感受一堂如此精彩的课程。

但是，现今社会还有很多人对传统婚嫁习俗是既熟悉又陌生，觉得可有可无。那是因为人们把传统的宝贵的东西丢失得太久了，导致人们在生活中出现盲目宠溺孩子，社会上出现"啃老族"，对长辈的付出习以为常，不懂感恩的现象。

自从习近平总书记号召弘扬中华优秀传统文化，作为传统文

化一部分的婚嫁习俗才逐渐被人们重视。亲身体验过婚嫁习俗的人都会明白，婚礼的每一个环节每一个礼数，都是在教导新人如何去孝敬长辈、尊老爱幼、向往美好。所以我希望，我们中国人要结中国婚，行中国礼。这样不但能保持中国的传统文化，还能让中国的孩子在自己的婚礼中，好好学习，心怀感恩，回馈社会，行孝行善。

作为一位民间"全福大妗姐"，我肩负着一个神圣的使命：我要将传统婚嫁习俗感恩的仪式，带进千家万户，让每一对年轻人通过自己的婚礼去感受家人的付出和爱，从而让人们懂得感恩，使家庭幸福！使社会和谐！使国家繁荣昌盛！

朱翠萍

图书在版编目（CIP）数据

翠萍说：中华传统婚嫁习俗 / 朱翠萍 著 .—北京：方出版社，2021.7
ISBN 978-7-5207-2036-6

Ⅰ.①翠…　Ⅱ.①朱…　Ⅲ.①婚姻—风俗习惯—介绍—中国　Ⅳ.① K892.22

中国版本图书馆 CIP 数据核字（2021）第 099231 号

翠萍说：中华传统婚嫁习俗
（CUIPING SHUO: ZHONGHUA CHUANTONG HUNJIA XISU）

作　　者：朱翠萍
责任编辑：贺　方　王　萌
责任审校：谷轶波
出　　版：东方出版社
发　　行：人民东方出版传媒有限公司
地　　址：北京市西城区北三环中路 6 号
邮　　编：100120
印　　刷：北京雅昌艺术印刷有限公司
版　　次：2021 年 7 月第 1 版
印　　次：2021 年 7 月第 1 次印刷
开　　本：880 毫米 × 1230 毫米　1/32
印　　张：5
字　　数：110 千字
书　　号：ISBN 978-7-5207-2036-6
定　　价：39.9 元
发行电话：（010）85924663　85924644　85924641
